自由に、からだ、自由に、こえ

身体を通して考えるコミュニケーション

平川和宏
Hirakawa Kazuhiro

幻冬舎 MC

自由に、からだ、自由に、こえ

〜身体を通して考えるコミュニケーション〜

まえがき

人は他者との違いを認識し、他人を尊敬するコミュニケーション教育が十分なされていないと、お互いを素直に認め合うことができず、相手を攻撃して自分のテリトリーを守ろうとします。コミュニケーションのとれない内向きな学校社会では、閉鎖的な社会の縮図とも言えるいじめが横行し、根本的な解決がなされないまま繰り返される悲劇は、何十年もの間、日本の社会問題として未だに紙面を賑わせています。

このようなコミュニケーション障害が原因で起こる様々な問題に、演劇はとても力を発揮してきました。欧米では、アプライドドラマ※（応用演劇）などの演劇教育が小学校低学年のころから授業に組み込まれ、自己表現や他者との違い、その違いへの理解、社会性を育むことに一役買っていますが、日本では相変わらず知識詰込み型の教育が中心で、個人の人格形成や社会性を育む教育はほとんど効果を上げていないのが現状です。演劇などによるコミュニケーション教育が日本の教育の現場で活かされていないことを、私はとても残念に思っていました。

ところがこの本を執筆するにあたり、いろいろな文献を調べていたところ、コミュニケーション教育自体は全く行われていないわけではなく、すでにいくつかの学校や地域で取り組まれていることを知り、とても勇気づけられました。中でも、昔私が舞台で共演した俳優仲間のオーハシヨースケ氏がアプライドドラマの普及のために、長年にわたり活動されていることは嬉しい発見でした。

彼はＴＡＩＣＨＩ－ＫＩＫＡＫＵという演劇ワークショップのＮＰＯ法人を立ち上げ、学生・社会人を問わず、あらゆる年代層に向け、コミュニケーションにおける演劇的アプローチの重要性を伝えてきました。彼独自の理念を実践するために、教育や地域という垣根を超えて、世界を股にかけてご活躍されていることを知り、とても心強く思いました。そして彼のアプローチの方法が、私も参加していた兵庫県立こどもの館を中心に取り組んだ如月小春のプロジェクトと、多くの点で共通していることに驚き、さらに喜びが増しました。

オーハシヨースケ氏以外にも尽力されている方々は何人もいます。ただ残念なことに、いくら効果的な方法論があっても、学校社会にはなかなか根付いてはくれません。コミュニケーションの基礎知識を生徒さんに伝えていくことがなかなか難しいし、その人材も不足しているのが現状です。

この本は、教育の現場で指導者が生徒に演劇を通してコミュニケーション教育をする上で、分かりやすく指導しやすいように解説することを心掛けました。一人でも多くの方に知って頂き、現場でたくさん活用してほしいと願うばかりです。

※アプライドドラマとは

イギリスで始まった演劇教育の教授法の一つ。応用ドラマ、応用演劇とも言う。観客が見るための演劇ではなく、経験する演劇教育である。一人または複数のファシリテーターが、参加者の経験をもとに、参加者と一緒にストーリー（ドラマ）を作り上げていくワークショップ形式で進められる。コミュニケーションを主体とした教育方法なので、年齢を問わず、さまざまな分野で活用されている。

目次

まえがき　3

第1章　なぜ演劇の手法が教育に効果的なのか――11

1　コロナ禍の「コミュニケーション」危機　12
2　コミュニケーションって何？　15
3　「伝えること」は演劇の本質　19
4　「演劇教育」との出会い　21
5　「演劇の力」が子どもたちを変えた！　25
6　演劇の基本はアイコンタクト　29
7　日常を意識することで、生きやすくなる　31

第2章　ワークショップ実践編　35
1　はじめに　36
「聞く力」を持つとは？　36
では、具体的にどうすればよいのか？　39
丹田を意識する　39
呼吸を合わせ、リラックスする　41
2　ウォーミングアップ　45
●「一言自己紹介」　46
●マイムリレー　48
●ハンドクラップ　50
●あべこべキャッチボール　51
3　挨拶する　53
●基本の挨拶　54
挨拶＋α　57

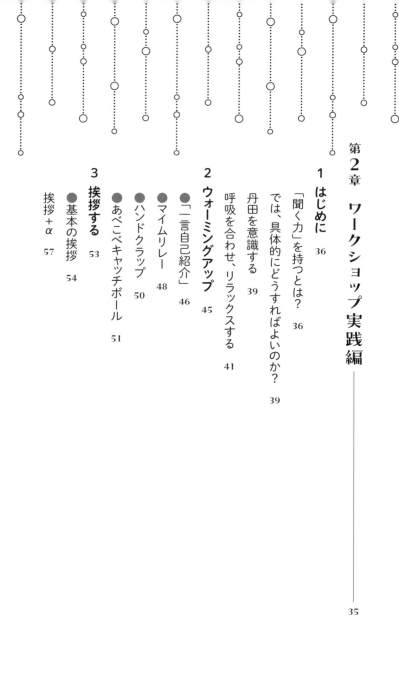

パーソナルスペースについて　59

4
ディベート　60
●ディベートのエチュード　60
声のベクトルについて　65
三つの輪　66

5
「歩く」と「出会う」　69
●ウォーキング・エチュード　69
出会いの鮮度　76
ニュートラルな状態を作る　78
脱力の感覚を養う　80
●アイソレーション　82
●ウィンクゲーム　87

6
空間構成　89
●空間構成のエチュード　90
●ストップモーション、スローモーション　93

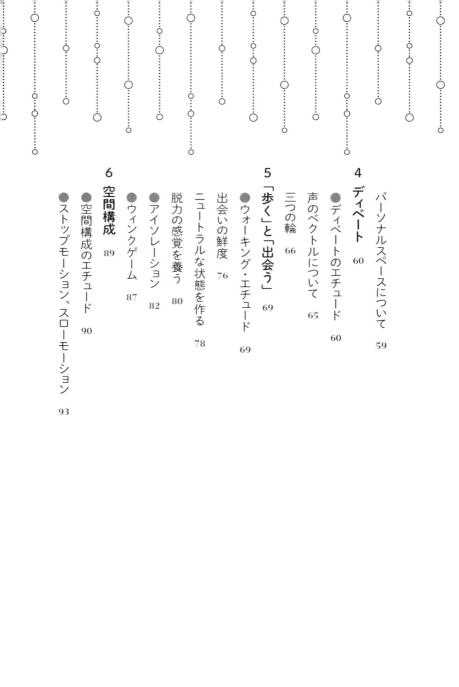

7 一音詩同好会 96
一音詩同好会のエチュード 97
8 他己紹介 101
他己紹介のエチュード 101
9 俳優とは？ 演劇とは？ 103
からだことば 106
「想像する力」 111

第3章 声について 115

1 はじめに 116
2 声の要素（バリエーション） 121
3 呼吸について 127
腹式呼吸って何？ 128
速筋（白筋）と遅筋について 132

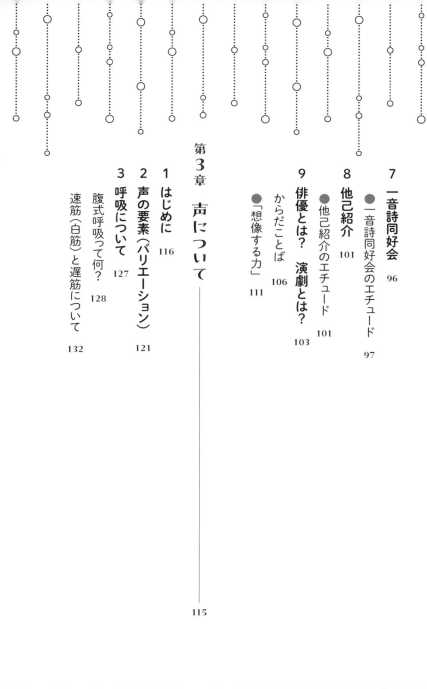

4 響きについて 133
声のためのウォーミングアップ 136
声帯ってどういうしくみ？ 137
「響き」を意識する 140
あとがき 145

イラスト　はったあい

第1章

なぜ演劇の手法が教育に効果的なのか

1 コロナ禍の「コミュニケーション」危機

「コミュニケーションって何?」

世の中の人に、こう問いかけると十中八九「会話のことでしょう?」と答えます。でも広辞苑には、「社会生活を営む人間の間で行われる知覚や感情、思考の伝達」と定義されています。つまり、本来は、手をつなぐこと、頭や頬を撫でること、握手すること、ハグすること、人が他人に対して身体や声を使って働きかけ心を通わすこと(ここが肝心なところで、一方通行なのはコミュニケーションとは言いません)、言葉でなくともこれら全てをひっくるめてコミュニケーションと言います。

そんなの当り前じゃない、と思うかもしれません。でも、考えてみて。

人と思いっきり議論したことある?

あなたが人に最後に触れたのはいつ？
人と思いっきりハグした瞬間何を感じた？

人間っていろいろと複雑なのです。

頭で理解していることがそのまま行動にうつせるとは限りません。ましてや、今のこの現代社会では。現代人は、その人間関係の複雑さに心身ともに疲れ果て、多大なストレスを抱えたまま日常を送っています。

ここ数年を見ても、さまざまなウイルスが蔓延する世の中では、必要以上に人は人との距離を取り、他人との安全な距離とされるパーソナルスペースも大幅に拡大され、接触することが悪いことのように言われています。アクリル板を挟んでの会話はよそよそしく、マスク越しの会話では、表情さえも窺うことができません。学校などの公共のスペースでも、当り前のように〝黙食〟が慣例化され、もはやコミュニケーションにとっては危機的状況と言ってもいいでしょう。

こんなとき手段としての言葉はその力を失います。それでも、人はコミュニケーションを諦めない。人が人とつながることは最も根源的な人間の欲求ではないでしょうか？

日本人というのは、なかなかにややこしい民族です。奥ゆかしさが美徳とされ、自分を主張するのは図々しい、初めて出会った人や公の場所においては特に、自分を必要以上にアピールするのを良しとしない文化的土壌に育っているせいか、受け身的な態度を取ることも多いのではないでしょうか。

教育の現場でも、まず平等！　できるだけ目立つことなく右へ倣え！　運動会では並んでゴール！　などこれは笑い話かと思えるような信じられないエピソードがあちこちから聞こえてきます。平等というのは、どの人にも同じように表現できる機会と場を用意してあげること。各々が集団生活を通して、人との違いを認識し、自分の個性を育む場でなければなりません。個性を削って、出た杭を打つような教育現場は平等とは程遠い存在です。人は違っていて当り前なのです。

社会生活でも同様に、先ずはそちらの意見を伺いましょう、なるほどなるほど、そうきましたか？　なんて、まるで将棋でも指しているような相手と距離を取ることを前提とした会話が日常で行われています。心を閉ざした便宜的な会話は無難ではありますが、お互いの関係が発展することはありません。コロナ禍では、リモート会議が主流となり、コミュニケーションにとって新たな利便性を獲得することができましたが、やはり相手の体温を感じることができず、時差付きの会話はどうしてもよそよそしさを拭えません。

2　コミュニケーションって何？

「おーい！」と言葉を投げかけてみる。すると、「なーに？」と返事が返ってくる。これで万事OK！　何の問題もなくコミュニケーションが成立しました。……というわけには現実はいきません。

この、言葉を届けるという行為は、言い換えれば言葉という手段を使って、相手に気持ちを伝えることです。「おーい！」という呼びかけにはその人のさまざまな思いが凝縮されています。そして、「なーに？」と受け取る側の人にもさまざまな状況が複雑に絡み合うのが現実です。

たとえば、大きな一枚の透明な仕切りがあなたと私を隔てていると仮定します。そのしきりによって言葉が相手に届かない状況にあるとしたら、あなたはどうしますか？

きっと、身体のあらゆる機能をフルに活用して、相手とコミュニケーションをとろうと試みるに違いありません。その辺にある道具を使ってでも自分の気持ちを伝えようと努力するでしょう。

聴覚障がい者に手話という手段でコミュニケーションをとろうとする試みはまさにこのシチュエーションそのものだし、全く言葉の分からない外国人に道案内をするときなどはほとんどこの状況と似通っています。

たとえば、「好き」という気持ちを伝えるために人はさまざまな手段を講じます。素直に言葉にすること以外にも目線を送ったり手を握るなど身体的なアプローチを試みたり、身体以外にも、バラの花束や指輪をプレゼントしたり、高級レストランの豪華ディナーをご馳走したり、アプローチの仕方はさまざまです。動物番組でよく見かける鳥の求愛行動も、立派な巣を作ったり、自分が強いことや美しいことをアピールしたり、歌声（鳴き声）の美しさを披露したりと実に多様です。

思いを伝える方法は、言葉でなくとも実にさまざまな手段があることがお分かりでしょう。

そして俳優の多くは「コミュニケーションとは？」という質問に「身体から身体への働きかけ」だと答えるはずです。

つまり、言葉による会話はこの身体から身体への働きかけの手段の一つでしかないということを俳優は経験上知っているのです。

この【コミュニケーションって何？】という問いに対する、一般の認識との違いこそが、今回のテーマと言ってもいいでしょう。

なぜなら、舞台上では日常の風景が描かれるからです。時に「非日常」のシーンばかりに目が向けられがちですが、私たち俳優の仕事の基本は、〝日常〟をできるだけ忠実に再現することにあります。

日常を過不足なく演じるために俳優は言葉を

できるだけリアルに再現することに努めます。演技から嘘を排除しなければなりません。与えられるものは台本に書かれた台詞だけ。たとえ自分の台詞を憶えて言えたところでそれはスタートラインに立ったというだけに過ぎません。俳優にとって、言葉はテキストによって与えられた一つのヒント。そこから相手とどうコミュニケートしていき、関係を築き、世界を構築していくかが私たち俳優の仕事です。台詞を言葉通り声に乗せるだけでは足りないことを経験上知っているのです。より深く相手とコミュニケーションをとるために俳優は自身の身体の全てを使って、より濃密に相手と関わろうと試みます。

俳優同士で同じ空間を共有し、呼吸をシンクロさせその場に見合った雰囲気を作り、その空気に観客を巻き込んで劇場空間を一体化させることに毎回心血を注ぎこみます。舞台上では身体的レベルでお互いの意識を共有できていないとコミュニケーションは成り立たないのです。

そのために稽古では、毎回毎回集中力を持って臨み、厳しい稽古を1か月も2か月も続けるのです。お客様を舞台空間に巻き込んで一体感を味わってもらうことが最高の喜びであり、私たちの最終目標でもあるからです。舞台俳優でもある私は、40年間この命題と向き合ってきました。

自論ながら、俳優のコミュニケーション術は、今の教育の現場でこそ実践されるべきカリキュラムだと思っています。コミュニケーションにおける認識の違いを俳優のためのメソッドを通じて知ることによって、生きづらい日常のコミュニケーションに潤滑油を与え、人と人をつないでいくヒントを感じてもらうことが、この本の最大の目的です。

3 「伝えること」は演劇の本質

役を演じるということは、この限りある自分の身体と声を使って、どれだけその役の本質に迫れるか、相手役との関係性を深めて、本の世界観をどれだけ表現できるか、try＆error の繰り返しです。どこに行きつくか、どこまで行けるか、やってみないことには分からない。毎回毎回が発見と想像の旅です。

俳優は台本によって役を演じ分けます。その時々で誠実な人にも、怪しい容疑者にも、重々しい道徳者にも、軽薄なお調子者にもなることができます。人はそんな俳優を見てなんて器用なんだ！　と感嘆することでしょう。そうやって演じ分けることができれば、日常でも「嘘」

をついたり、人を煙に巻いたりも朝飯前なのだろうな、と錯覚してしまいがちです。

でも、事実は全くの逆。俳優は役を演じるために、自分の身体と声を総動員して役を作り上げようと努力します。その作り上げた役が「ずるい役」だとしたら、その「ずるい」部分を見ている人に伝えなければなりません。

観客に役が伝わって初めてその役が意味を持ちます。俳優はその役の持つ癖や性格を表現しなければなりません。


俳優はどうやっていろいろな役を演じ分けているのか？


答えは、自分の中に持つ、違う引き出しを開け閉めして、いろいろな違うアプローチを試みている、ということです。

演劇は、自分以外の他者を演じることがほとんどですが、他者を想像する出発点は常に自分です。

だから、その引き出しを作り出すために、徹底的に自分の身体と、声と、性格と向き合うのです。自分の中の、好きなところ、嫌いなところ、正直な部分、ずるい自分、カッコよさ、だらしなさ、明るいところ、陰湿なところ……etc.人にはいろいろな面があります。どんな人にもプラスマイナス両方の面が備わっていて、100%善人とか、100%正しいとかはあり得ません。そのありのままの自分を受け止めることができて、初めて他人ときちんと向き合えるようになるのです。

俳優は、自分のあらゆる側面に光を当てて顕在化させ、必要に応じて、声、身体、そして心理的なアプローチを試みます。それが多くの役を演じ分ける技術につながっているのだと思います。

4 「演劇教育」との出会い

よく、人は俳優である私に対して「いろんな役を演じ分けられて凄いですね～！」とか、「いろんな人を演じることができてうらやましい！」という言葉をかけてきます。

でも、その度に、私の自分に対する評価とはかけ離れていて、恐縮した気持ちになります。

自分が持っているのは、この声と身体だけ。

あまりにも心許ない（笑）。

いくら低音でハスキーな声や１９０センチの身長を欲したところで、この身体から出てくる声は決まっているし、20センチもある超上げ底の靴でも履かない限り１９０センチには届かない。

悲しいかな、魔法でも使わない限り違う人間にはなり得ない。ないものは表現できないのです。

大学を卒業して俳優を目指して上京してきた私に突き付けられた最初の言葉、

「お前は俳優が持っていなければいけないものを見事に全部持っていないなぁ」

すなわち何かといえば、

◦顔がよくない

◦声がよくない

◦身長がない（低い）

- 身体は使えない（コントロールできない）
- 台詞は言えない
- 金がない
- コネ（業界とのつながり）もない

……マジでへこみました。

そして真剣に考えました。そんな私がどうすれば俳優として自立できるか？

東京に出て来たころは何者でもなかった私、何者にもなれなかった私の、俳優になるための長い長い旅はここを原点として始まりました。

どうすれば、声はよくなるか？

どうすれば、身体はコントロールできるか？　どうすれば、台詞や演技は上手くなるのか？

どうすれば、俳優としてお金を稼ぐことができるのか？

最初は、それこそ五里霧中、明確な答えを示してくれるものが何一つ見つかりませんでした。

転機は、「演劇教育」との出会いです。

俳優を目指し上京して3年が経ったころ、私は当時の演劇界で脚光を浴びていた如月小春と、彼女が主宰するＮＯＩＳＥという集団に出会います。彼女の手掛ける舞台は、それまで所属していた言葉中心の新劇とは異なり、身体的な表現を中心に音楽や映像を積極的に舞台に取り入れる、当時の言葉で言えば「パフォーマンス」に近い実験的なものでした。

彼女は、定期的に演劇の公演をやるかたわら、演劇教育に興味を持ち、小学生や、中・高校生、はては大人やシニア世代に向けて演劇というものが持つ力を伝えたいと精力を傾けていました。

彼女の考えを体現し、いろいろな世代に向けてそれを伝えていくには、彼女の考えを補助するインストラクターが必要だ、ということで、劇団員に白羽の矢が立ちました。

彼女の伝手で、俳優はもちろん、演出家、音楽家、声楽家、国内外の俳優、などを稽古場に呼んでは、我々劇団員に向けてのワークショップが頻繁に行われるようになったのです。

今でこそ、毎回の稽古をビデオに録画し、自分の欠点を確認したり、相手との会話の修正を試みたりと、科学的な方法も取り入れながら稽古ができる環境も整っていますが、「俳優なら人の技術は目で盗め」などと言われていた当時では、このような試みは画期的で、私の前時代的な考えを、180度転換させるような体験でした。

私は、自分の身体の持つ意味、声の出し方、呼吸の大切さ、丹田の重要性、客観的に自己を評価することのできるさまざまな手段をこのとき初めて知ることになりました。上京して私が初めて自分自身に目を向けた瞬間でもありました。

私はインストラクターの一人として、彼女と行動を共にすることになりました。演劇という世界は、私に新しい世界への扉を用意してくれたのです。

5 「演劇の力」が子どもたちを変えた！

忘れてはならない経験があります。

1991年から始まった、兵庫県立こどもの館でのワークショップです。

兵庫県下の中高生を対象（最初は中学生のみに限定）として、館の敷地内を使って、夏休みの間に一本の野外劇を作ることを目標に当初は単年計画で始められました。

教育にはずぶの素人である如月とＮＯＩＳＥの俳優たちが、ひと夏をかけて何度も東京─姫路を往復し、東京でミーティングを重ね、姫路に行ったら行ったでホテルの部屋で夜中まで話し合いました。

何が伝えられるのか？
どうやったら上手く伝わるのか？
どうすれば子供たち同士のコミュニケーションがスムーズにいくのか？

話し合った次の朝には、子供たちと真剣勝負の繰り返し。

でも、その活動が反響を呼び、単年だった計画は5年に延長されました。

年度によっては、学校でいじめていた子といじめられていた子が同じ回に応募してしまい、いじめられていた子が辞めそうになるのを引き留め、その子たちの間を取り持ち、稽古を重ねることで関係を修復し、同じ目標に向かう同じ仲間として一つの芝居を作り上げることができたのは大きな成果だったと思います。あっという間に契約の5年という月日が過ぎたものの、地元姫路や神戸の先生方、周囲の大人たちの力を借りて、このプロジェクトは継続することとなりました。１９９5年の阪神・淡路大震災のときには、参加した子供たちがそれぞれに失ったものの大きさに向き合い、その悲しみを乗り越えようと必死で頑張る姿が人々の心を動かし、被災地の人達の弱った心に勇気を与え、地域の中高生の絆を深め強める役割も果たしました。

さらに30年以上たった今でも館のイベントとして毎年行われています（コロナ禍で中止になったこともありますが）。

今では当時こどもの館へ通っていた生徒たち自身がインストラクターとなって、このイベントを支え続けているという事実には、頭が下がる思いです。

手探りで始めたこのワークショップの経験が劇団にとっても、私の人生にとっても、以降かけがえのない財産となりました。この本の題名『自由に、からだ、自由に、こえ』は当時我々がワークショップで使用していた自前のテキストに書かれた言葉をそのまま取り入れたものです。

演劇には力がある。

自分と真正面から向き合うための力がある。人と人とを結ぶ力がある。

演劇の本来持つその素晴らしさに、人に教えることで初めて気がついたのです。

如月は2000年に、志半ばで帰らぬ人となってしまいましたが、その後は私個人でも、プロ、アマチュアを問わず、実に多様な場で、多様な年代層にむけて、現在まで40年近くワークショップをやり続けています。

お芝居と同じで、そのやり方も、技術も未だ発展途上にあり、私の中で確立されていないことも多いのですが、文章化することで少しでも多くの方のコミュニケーションに役立てられればと思っています。

6 演劇の基本はアイコンタクト

世の中、他人の目を見て喋ることができない人のなんと多いことか！

恋人同士やよほど親しい友達、家族以外とは基本目を合わせない、いや、それどころか家族団らんの朝食や夕食の場でさえ、全員がスマホ片手に夕飯を食べる光景が普通になりつつある今、家族間ですらまともにコミュニケーションがとれているとは限りません。

私たち俳優は、喋るとき、話しかけるとき、常に相手を確認し、その人に声をしっかり届けるという意識を持ちます。稽古の段階で意図的に相手の目を見て話すことを求められます。だからこそ、こちらの気持ちも伝わりやすいし、相手の台詞も受け取りやすくなります。大勢出ている場面では、この台詞は今どの人に向けて喋っているのか、誰のどの台詞を今聞く必要があるのか、常に舞台上でアンテナを張り巡らせてお芝居をしているのです。

そこには常に台本というものが存在しています。楽しい話、悲しい話、感動的な話、怖い話etc.台本の中にはあらゆる物語が詰まっています。

俳優は、稽古に取り組む段階から、物語の結末を知った上でその役柄を演じるので、結果から逆算して演技を成立させているのです。

台本に書かれた役柄の何気ない行動や心理的な流れをとりたてて意識して演じることで、その人物像や相手との関係性を浮かび上がらせ、観客に分かりやすく訴えかけていくのです。

でも、日常は筋書きのないストーリー、逆算なんかできません。結果の分かっている未来なんてどこにもありませんから。

僕たちは結ばれる運命にある。だから、この夕日の見える美しい丘で彼女に愛を告白すれば、彼女はきっとその誠意に感動して僕のプロポーズを受け入れてくれるはずだ！　なんて、残念ながら自分に都合のいいことばかり書いてある台本は日常には存在しないのです。それどころか、自分の予想通りにいかないことの方が圧倒的に多いのが日常です。その度に自分の対応を変化させ、相手に合わせたり、対立したり、日常って本当に大変！

「にんげん」という字は「人の間」と書きます。その人と人の間をつなぐのがコミュニケーションです。

舞台上では、さまざまな駆け引きがストーリーに則って展開されていきます。

相手を罵倒したり、熱烈な恋愛に陥ったり、殺人が行われたり、お化けと遭遇したり、時には空を飛んで見せたりと、何が起こっても不思議じゃない。その度ごとに、俳優は全身にアンテナを張りそれを受け止め、想像力を駆使してその瞬間の感情や状況を表現して観客に届けるのです。

7 日常を意識することで、生きやすくなる

では何故、その俳優の訓練が私たちの日常のコミュニケーションに必要なの？　人と人との間を取り持つために、どんな俳優のレッスンが役に立つの？

日常生活では、実際舞台上で起こるようなドラマティックな出来事はそうたびたびは起こりません。奇想天外な場面に出くわすこともありません。かと言って、なにも起こっていない毎日なんてないのです。日常もよく目を凝らしてみると、いろいろなところで行き違いが生じて

いたり、小さないさかいが至る所で起こっています。幸せを感じている人の隣では、人生に不安を感じて生きている人がいます。舞台上ほどではありませんが、やはり日常でも、心の波風は始終たち続けているのです。

コミュニケーションとは、人と人とをつなぐこと。日常では、人がもっと活き活きと生活し、幸せになるための大切なツールです。

それは、人を傷つけるものであってはなりません。コミュニケーションを通して、人と人とがお互い理解を深め、つながりやすく生きやすいコミュニティーを作り、幸せになってもらうことが目的です。

相手に声を届けよう！　などと意識して会話する人はほとんどいません。

しっかり相手の目を見て話すことの方が、むしろ日常ではまれなのではないでしょうか？誰かれ構わずやれば、「あの人、ず〜っと私の方ばかり見て話すのよ、気持ち悪〜い！」などと変人扱いされかねません。でも、自分の中のちょっとした意識を変えていくことで今までギクシャクしていたコミュニケーションがスムーズになっていくのを実感できるはずです。

普段から人とコミュニケーションが上手くとれずに悩んでいるあなた、もっと緊張しないで人前で話せるようになりたいと思っているあなた、グループのコミュニケーションをもっと活発に押し上げていきたいと考えているあなた、そんなコミュニケーションの悩みを持つ人はこの世の中に星の数ほどいます。

俳優の俳優による俳優のためのレッスンは、その全てが自分と向き合い、相手と向かい合うためのプログラムです。それは、日常に暮らす私たちの生活を活き活きと輝かせるヒントに溢れています。

今まで悩んできた他人とのコミュニケーション、意思疎通が上手くいかないために起こるさまざまな人間関係の悩み、それも自分の行動をちょっと変えることで、他人への働きかけをちょっと工夫することで、驚くほどスムーズに解決します。

最後まで読んだら、あとはもう実践あるのみ！

さあ、レッツ・コミュニケーション！

第2章

ワークショップ実践編

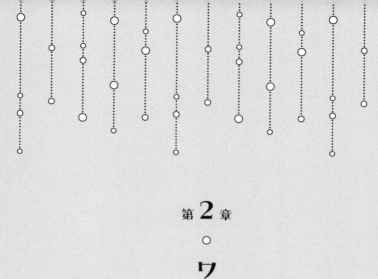

1 はじめに

コミュニケーションを上手くとるために一番必要な力（能力）って何だと思います？
よく通る声、明るい笑顔、豊富な話題……他人と円滑にコミュニケートするためにはいろんな要素が必要ですが、その中で最も重要なもの、それは「聞く力」を持つことです。

会話は「聞くこと」から始まります。

「聞くこと」は相手を信頼し、リスペクトするということです。

「聞く力」を持つとは？

私たち俳優の基になるテキストは、動きや場所を示すト書きという部分以外は、ほとんどが会話文で書かれています。

まずは自分の台詞を覚えなければお芝居は始まりません。でも、同時に相手の台詞も読みこなすことが必要になります。

何故か?

相手の台詞の中に、自分の台詞の基になる情報（感情面も含めて）が含まれているからです。逆に言えば、相手の情報をよく理解できなければ、その次に言う自分の台詞がつながっていかないのです。

若いころ、演出家からよく言われていた言葉があります。

「受けることができて役者は一人前。出すことしかできない奴はまだまだ半人前だ」

「受ける」とは相手の話す言葉を理解して受け止めるということ。きちんと相手の台詞を聞くことができて初めて、その次の自分の台詞を言うことができる。「間」もおのずと定まってくる、ということです。

発信力が強いだけの自己中心型の俳優は自分の台詞を（どう言おうか）ということばかりに気を配ります。ややもすると、相手の話をちゃんと聞かないまま自分のことだけしか見えなくなる。

そういう会話では、相手の力を利用することができず、自分の台詞が空回りし、関係がギクシャクしてきます。それをまた、取り戻そうとして頑張りすぎると、結果、その俳優だけが浮いて悪目立ちしてしまうということになりかねません。

俳優の演技は、そのほとんど全てが、台本によるものです。従って、そこに描かれたドラマには終わりがあります。だから、会話とはいえ、その結末は最初から分かっていて演じることができます。

しかし、日常ではこの逆算できない結論のない会話が延々と繰り返されるわけです。どこへ向かうかわからない会話では、さらに「聞く」という行為が重要さを増してきます。

自分の言いたいことだけを延々と相手に喋って、全く相手の言うことを聞いていない、とか、人が話をしている途中ですぐに自分の意見を言いたがる、グループで話をしていても必ず相手の話の腰を折るように自分の意見を挟んでしまう、とか、日常でもちょっとしたトラブルを耳にすることがよくありますよね。

これらは全て、「聞く力」の欠如によるものです。

コミュニケーションには、インタラクティブ（双方向性）な関係が本来求められています。

「話す」「聞く」のどちらか一方に偏りすぎるとコミュニケーションはいびつな形に変形してしまいます。

そのバランスを保つために必要なのが「聞く力」です。

では、具体的にどうすればよいのか？

まずは、相手が話しやすい状態をこちらがお膳立てすることが肝心です。姿勢、とりわけ丹田を相手に向けることで、こちらの準備が整いましたというサインを相手に示すのです。

このように丹田を意識し相手に集中すること、呼吸を相手と合わせお互いリラックスした状態を作り出すこと、このように身体の準備を整えることで、驚くほど相手の話す内容を受け止めることができるようになります。

丹田を意識する

以前、人間の持つ三つの丹田について古武道の先生に教えていただいた知識が、自分の身体を意識する上でとても役に立っています。丹田は身体を支えたり、身体を動かすための中心で、これを意識することが、他人と向き合い、コミュニケーションするのにとても効果的です。

○下丹田ーいわゆる、一般に〝丹田〟と呼ばれている身体的、精神的にも重要な部分。
バランスをとったり、呼吸にとっても重要な身体の中心（核）。へそから10㎝ほど下。

○中丹田ーコミュニケーションのための丹田といわれる。胸の中心、みぞおちから5㎝ほど上。大勢の人を相手にするとき、この丹田を皆に開いていくと包容力が増す。
舞台上や講演で多くの観客や聴衆を相手にするとき意識すると役立つ。

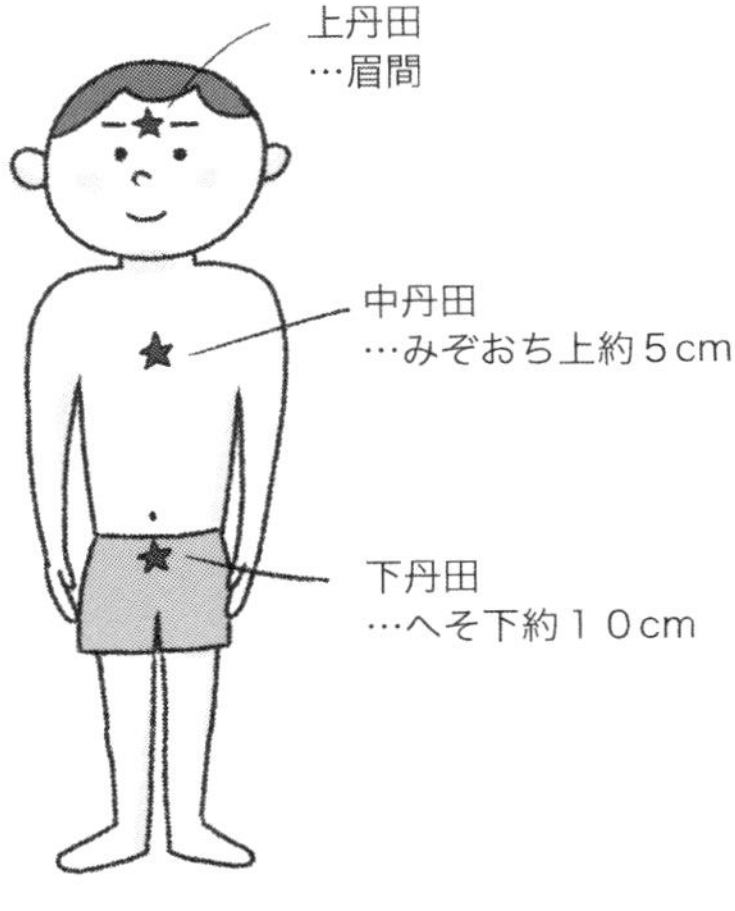
上丹田
…眉間
中丹田
…みぞおち上約５cm
下丹田
…へそ下約１０cm

○上丹田—眉間と呼ばれるところ。特に1対1で相手に向かう際に役に立つ。集中力や直観力を導くといわれる。

呼吸を合わせ、リラックスする

私が、よく緊張する場面があります。どんなときだと思いますか？

それは、お芝居の顔合わせの瞬間。これは、経験上何度やっていても慣れることはありません（笑）。でも、人としてそれは当然でしょう。誰だって、初めての人とコミュニケーションをとるときは新鮮で、ドキドキするものです。

俳優は、同じ職場で何十年も働く会社員と違って、毎回新しい職場に赴きます。慣れ親しんだオフィスの雰囲気とは違い、顔合わせの場は、キャスト、スタッフがまず初めに勢ぞろいする場所です。大きなプロジェクトでは、その場にマスコミも大勢駆け付けます。

顔合わせの場は、俳優、スタッフが一堂に会する「初めまして」の場なのです。1か月、2か月という短い期間の中でこれからここにいる全てのメンバー達と濃密なコミュニケーションをとって信頼関係を築き、作品を練り上げていくためにお互い切磋琢磨していくのです。この人はどんな仕事をするのか？　どんなお芝居を見せてくれるのか？　期待と好奇の目が互いに注がれます。緊張しないわけがありません。みんな固唾をのんで見守っているのです。まさに、呼吸を止めるように相手に集中します。

そんな中、出演する俳優一人一人にあいさつ代わりの一言が求められるのが慣例です。俳優は職業柄目立ちたがり屋さんが多く、順番はあらかじめ決められていたりするので、みんな自分に順番が回ってくるまでの間、何を喋ろうかと画策します。「気の利いた挨拶をしなきゃ」とか、「ん〜、何と言ったらみんなに受けるかな？」とか余計な自意識ばかりが大きくなって他人の話が耳に入ってこない状態の人が多いのです。自意識が過剰に働くと、ろくなことがありません。

そんなときに、他人の言葉が入ってくる余地などあろうはずもないのです。緊張するということは「息が上手く吐けてない」状態だし、自意識過剰なときは「聞くこと」に集中できていない状態です。まさにコミュニケーションにとって、悪い見本そのものですね。

そうです！　会場全体が、息が吐けていない状態を作り出しているのです。この瞬間は、何時も悪いルーティーンに陥りがちになり、自分を戒めるのに苦労します。努めて吐く息を意識するようにしています。

新たな出会いに緊張するのは、このワクワクとドキドキが存在するからだと思います。新たな人との出会いは、期待と不安が混ぜこぜになったおもちゃ箱のようなもの。なぜなら、人は新たなことに挑戦したり、未知なる遭遇に期待を抱かずにはいられないからです。

私たち俳優も、脚本や演出家によって毎回違うことを要求され、脚本によってはどんな性格かも分からない相手役と恋に落ちなければならないときもあります。

役柄も悪代官もやれば、正義の味方もやり、気弱な人も、お茶目な性格も、一つとして同じ役はありません。しかも、一人では絶対できない共同作業なのです。

コミュニケーションが相手の存在を受け入れるところから始まるとすれば、たとえ同じ芝居の再演だとしても、組んだ相手によって芝居はガラリと変わります。それまでの経験がほとんど意味をなさない過酷な職業です。毎回がゼロからのスタートですから。

実は、このことは舞台を見に来る観客にも適用されます。観客は舞台を構成する重要な要素の一つです。観客との呼吸のリズムがシンクロしているときは驚くほど反応もよく、それに刺激を受けて、俳優の芝居が格段によくなることがままあります。俳優が笑いを求める傾向にあるのは、このときに客席から得ることのできるエネルギーが笑いという反応を通して受け取りやすい状況にあり、一番分かりやすく自分を励ましてくれるからだと思います。

百戦錬磨の俳優たちは、そういう緊張した場でも、観客の空気を味方にして笑いを誘い、それに反応して笑い声が会場内に響きます。一気に場の空気を変える力を持っているのです。笑いを誘うことでそれまで（どんなお芝居が始まるのだろう？）と息をひそめて観ていた観客の呼吸が再開するのです。一旦緩んだ空気はそのまま会場を柔らかく包み、和やかな雰囲気で舞台は進行していきます。

熟練の俳優は、相手役を、そして観客さえも受け入れることで、その場の空気を支配します。だから相手役はその俳優に全てをぶつけることができるし、観客は、安心してその人の演技に一喜一憂できるのです。

日常でも、会話の上手な人ほど人の話を聞くのが上手い。相づちを効果的に打つことで、相手が話しやすい雰囲気を作り出し、こちらが何か喋らなければと気負うこともなくなります。

コミュニケーションは自己中心的では上手くいきません。なるべく相手と呼吸をあわせ、身体レベルでシンクロ（同調）すること。初対面の相手にちょっとしたジョークで笑いを誘うことは空気感を共有する上でも、理にかなっているのです。「へーえ」とか、「そうなんだ～」「なるほどね」などと合いの手を入れてやることで、ますます2人の間に柔らかな空気が流れることでしょう。

(呼吸の仕組みについては第3章で別途説明します)

2　ウォーミングアップ

私は、ワークショップを行う場合、一対一でやるときは別として、3人以上参加者がいるときは、「円になる」という陣形をまず作ります。大勢の参加者がいるときでも、基本はこの形で入ります。ただし円の陣形が膨らみすぎても相手が判別しにくくなるので、10人以上の大人数のときは二つとか三つのチームに分けて、お互いが認識しやすい状況を作ります。

初対面の人同士、お互いの顔がよく見える関係性を築くことが目的です。目線や声が、今誰に向いているのか、発信する方も受信する方も、円という形をとることでお互いの関係性を築きやすくなります。何よりも、1章の6で取り上げた演劇の基本、アイコンタクトができやすい状態であるということ。

俳優同士だと、ここから自己紹介などが始まるのですが、生徒さん相手のワークショップでは、意外とこの自己紹介のハードルが高い。声が聞こえない、とか、支離滅裂でアピールにすらなっていない、ということがよくあります。

その垣根を取り払う意味で有効な円形でできるウォーミングアップをいくつか紹介したいと思います。

「一言自己紹介」

対象 少人数から多人数まで

円になって皆の顔が見えるように座る。椅子はあってもなくても可。誰からでもよいので、自分について「一言」述べてもらうだけですが、それを時計回りになるべく滞らないようにテンポよく、何周か繰り返します。

解説

テンポよく、一言でというのが肝心なところ。

最初は「私はB型です」とか「趣味は音楽鑑賞です」とか、どこかのお見合いパーティーで聞いたことのある紋切り型の挨拶ばかりが繰り返されますが、次第に言うことが限られてくると、

「今朝は、めざしとご飯と豆腐の味噌汁を食べてきました」とか、

「犬を朝早く散歩に連れていきました」

などという、いろいろなお互いの日常の断片を知ることができるようになり、時には、

「私、実はアニメオタクです」

などと言い出し、場の雰囲気が一気にリラックスすることがあります。

お肉が
大好き
アニメが
好きです
左利き
です
B型です
双子です
ピアノが
弾けます
基本はサークル
互いの顔が見えるように座る

「自己紹介」という高いハードルに「一言」を付け加え垣根を低くし、喋りやすい雰囲気を作り、「テンポよく」というゲーム性を加えることで、お互いの距離を縮めることが目的です。

マイムリレー

対象 少人数から多人数まで

円になって、時計回りに、マイムで物を受け渡す➡受け取るを繰り返すだけのエチュードです。最初はボールから始めます。大きいボール、小さいボール、軽いボール、重いボール、大事なボール、汚いボール、ボールにもいろいろあります。相手のボールを受け取ったら、今度は違う形に変えて次の人に渡します。慣れてきたら、ボールに限定せず、いろいろなものを想像してマイムでそれが相手に伝わるように身体を目いっぱい使って次の人に渡していきましょう。動物や赤ん坊など動くものにチャレンジしても面白いです。

解説

物の受け渡しをマイムでやることは、コミュニケーションの基本、相手に渡す、相手の意図を受け取る、につながります。会話はこの「物」が「言葉」に変化したものです。身体全体を使うので持っているボールの質感をきちんと提示できるように指先まで気を配りましょう。一対一でやるときには、キャッチボールの形をとってもいいですね。

ハンドクラップ

(対象) 少人数から多人数まで

円形で始めます。これも、基本は受け渡しですが、どちら回りで始めても構いません。

隣の人にこだわることもありません。逆回りもＯＫ。拍手を渡したい相手の方へ必ず目線で合図をおくって、手をパン！　と大きく叩きます。肝心なのはスピードです。なるべく早く、拍手の音が途切れないように素早く回していきます。

解説
アイコンタクトと受け渡しの正確さが肝心なところ。スピードを目標に置くことで、相手を見ないまま拍手したり、受け渡しがぞんざいになりがちです。コミュニケーションの基本をきちんと押さえながらスピードを楽しみましょう。

あべこべキャッチボール

対象 2人一組以上多人数まで

円を作ります（2人のときは一対一で向かい合ってやる）。動作としては普通のキャッチボール、但しボールは使わず全てマイムでやります。誰に向かって投げても構いません。ただし投げる人にはキチンと正対しアイコンタクトをとること。投げる際に、受け取る方の人が「シュ！」とボールの勢いを示す擬音語を発し、逆にボールを受け取ったときに、投げた方の人が「パン！」とグローブにボールが収まったときの擬音語を発します。

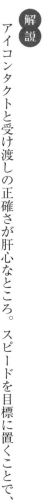

解説

言葉をあべこべに言うことが、ちょっとハードルが高いように思われますが、最初は遅くてもよいので確実に言葉を発することができる速度でやるといいと思います。これも、基本はアイコンタクトと、声のベクトル（誰に向けて声を届けるか）に特化したウォーミングアップ。集中力が必要です。慣れてきたら、ボールのスピードを変えたり、山なりのボールを投げるとか、ワンバウンドのボールを投げる（この際にバウンドした音は投げた左隣の人が「トン！」と声を発する、というルールを設けるとさらにゲームが複雑さを増す）など変化をつけてもよいでしょう。

※ウォーミングアップの基本的なものを4例ご紹介しましたが、そのいずれも言葉だけに頼ることなく身体全体で相手とのコミュニケーションを図ることを目指しています。心と身体と

頭をたくさん使うことで、全体の雰囲気が柔らかく打ち解けたものになるはずです。私がワークショップを開くときは、冒頭の15分から30分を使って、ウォーミングアップを2例ほどやるのが通例です。コミュニケーションにとって、身体性が伴うか伴わないかはとても重要な要素なのです。

3 挨拶する

ウォーミングアップで、お互いの関係を円滑にするための試行錯誤をいくつかご紹介しました。次は、コミュニケーションの最も基本的な形「挨拶」について考えていきましょう。

基本の挨拶

対象　２人一組から多人数まで

ウォーミングアップの延長で、円形のままお互い挨拶を交わします。今度は挨拶をしたい人の前まで行って、握手をしながら「おはようございます！」（「こんにちは！」や「こんばんは！」でも可）と言ってみましょう。

挨拶された人は、今度は別の人の前まで歩いて行って同じ挨拶を繰り返します。全員が全員と挨拶できたら終了。

チェックポイント

相手の目を見て相手に言葉を届けるように注意してやりましょう。アイコンタクトの基本を忘れずに！

もう一つのポイントは握手をするという行為も含めて行うことです。緊張していると腕が伸びきったり、力が入ったまま握手をしてしまいます。リラックスして肩の力を抜き、相手を受け入れる姿勢をまずとってください。握手が自然にできるようになったら、今度はハグしながら挨拶するのもいいですね。

解説

日常の挨拶を考えてみましょう。

職場で交わす、「おはようございます」や「お疲れ様でした」、お店で店員とお客様が交わす「ありがとうございました」と「どういたしまして」、いろいろな定型の挨拶がありますが、本当にその意味まで相手に伝えようと意識しているでしょうか？　言葉だけが独り歩きしていませんか？　職場では、気の置けない相手以外とは目線

アイコンタクト
肩の力は抜いて
リラックス
腕や肘を
突っ張らない

も合わせることなく、ましてや言葉自体も「（ぉはよぅご）ざま〜す」とか「おぃっす」など、もはや何と言っているかわからないような挨拶が飛び交い、心から「ありがとうございました！」と笑顔で挨拶できる店員さんのなんと少ないことか！

思ってもいない、考えてもいない言葉はそもそも伝わりようがありません。コミュニケーションの本来の目的は**「心を伝える」**ことにあります。

そのためのアプローチの一つとして、俳優は「サブテキスト」という考え方を自分の台詞にしばしば取り入れます。裏側に隠された真意を台詞に込めることで、より自分の台詞にリアリティや含みを持たせるためです。

たとえば、日常よく使われる挨拶「お疲れ様でした」という台詞の裏側に（今日はお互いよく頑張ったね、ありがとう）というサブテキスト（気持ち）を付加することによって言葉はより豊かな意味を持って相手に伝わることでしょう。

それに倣えば、「おはようございます」は、（今日も、お早いお出かけですね）という気持ちを含んでいます。職場では（今日もお互い早い出勤ご苦労様です）という気持ちです。

今度はそういう気持ちを込めて相手に心を手渡すつもりでやってみてください。

どうです？　いろいろなところが変化したのではありませんか？　表情が明るくなっ

た？　声に柔らかい印象が出てきた？

そうです！　まず、発信する方が心をたくさん動かして、それを表情や声、身体に乗せることで、受け止める、つまり「聞く」方の相手は、その気持ちを自然に受け取ることができます。逆に、儀礼的な挨拶には心がありませんから、相手も受け取りようがなく儀礼的に返さざるを得ません。

挨拶は、コミュニケーションを円滑に進めるための一番肝心なイロハのイなのです。

挨拶＋α

リラックスして挨拶ができるようになったら、今度は、挨拶の後に一言加えてみましょう。

たとえば、「毎日お早いお出かけで大変ですね」という気持ちが込められていれば、次には「いつもどちらまでお出かけになるのですか？」と続けることもできます。すると「ええ、会社がお台場の方なので、いつもラッシュに巻き込まれないように早めに出勤するんです」「それは遠くて大変ですね。お引き止めしてすみませんでした。気を付けていってらっしゃい」「いえいえ、お気遣いありがとうございます！　それでは行ってまいります！」

と、どんどん話が続いていく。挨拶を起点に考えるとコミュニケーションも意外と簡単に思えてきませんか？　話題作りが苦手な人は、会話の「たちつてと」を参考にするとよいでしょう。

た＝食べ物の話題
ち＝地元（出身地）の話題
つ＝（共）通の（友達、趣味）の話題
て＝天気の話題
と＝動物（ペット）の話題

コミュニケーションの第一歩は人との距離を縮めること。そのきっかけになるのが挨拶です。普段のなにげない挨拶が、「心を伝える」という原点に返ることで、新たな輝きを増してくることに気付くでしょう。

パーソナルスペースについて

心理学者のR・ソナーは「パーソナルスペース（対人距離）」という概念を提唱しました。人は、他者が近づいても許せる距離、つまり心理的な縄張りというものを持っています。人間も動物と同じで、そのテリトリーに侵入されると無意識に警戒したり、不安を抱いたりしてしまいます。

たとえば、電車やベンチで席に座ろうとするとき、大体端の席から埋まっていきます。座っている人がいれば、1人分か2人分の席を空けて座ろうとしますね。満員電車で毎日都心まで通うサラリーマンには、この「パーソナルスペース」はほとんどありません。常に他人との距離が取れない緊張した状態がストレスとなって表れるのです。

人は本能的に、他人の前では、自分の安心できるスペースを確保しようとするのです。

握手をするとき、腕を伸ばして自分と相手の距離を無意識に取ろうとしていませんか？　肩や背中まで緊張が伴っていませんか？

できるだけリラックスして、相手を受け入れる意識を持ち、笑顔で、目線を合わせてこの課題に取り組んでください。

4 ディベート

次に、この章の冒頭で述べた会話をする上でとても大切な「聞く力」、そして会話には欠かせない「話す力」双方に特化したエチュードをご紹介します。

ディベートのエチュード

対象　2人一組。審判（インストラクターが兼ねてもよい）を間に配置する。

周りにギャラリーがいると効果的。

椅子を向かい合わせに二つ用意します。

間隔は50センチくらいあけて。

「ディベート」とは議論をすることです。

椅子に座って、お互い見つめ合います。

各々にお題が与えられたら、相手から目を逸らさず、言葉を途切れさせることなく議論し合います。審判の仕事は主にはタイムキープ、終了のジャッジをすることです。

さて、ここで2種類のディベートを用意しましょう。

最初は「話すこと」に特化したもの。

お題は何でもよいです。できるだけ身近な親しみやすいお題がよいでしょう。

たとえば、「好きな食べ物」というお題が与えられたとして、一人は「バナナ」を、もう一方は

バナナって甘くて
食べやすくって
いろんな加工もできて
皮はすぐにむけるし
イチゴの方が甘くて
食べやすいし
皮もないし、いろいろ
使えるし
50cm

「イチゴ」を選んだとします。

一人は「バナナ」について自分の好きな部分、そのよいところ、なぜ好きか？　など、自分が「バナナ」のことをこんなにも好きなんだ！　ということをアピールします。一方は、「バナナ」に関する否定的なことを並べ立てるのではなく、こちらも「イチゴ」について同時にアピールするのです。

とにかく相手の話に耳を傾けることなく、ひたすら自分が「話すこと」に集中すること。言葉を途切れさせることなく、お互いが自分のことだけを主張し合います。どちらかが、言うことがなくなって黙ってしまったり、言葉に詰まってしまったら終了。勝ち負けではないので、気軽にやりましょう。

次に「聞くこと」に特化したもの。

こちらは、同時に主張し合うのではなく、交互に行います。同じ「好きな食べ物」というお題だとしたら、30秒ごとに交代しながら、あるいは相手の言葉を受け取って、自分の主張を有利に導くために反論する形で行います。

たとえば「バナナ」と「イチゴ」なら「バナナは安価で手に入れやすくしかも美味しい果物です」と相手が言ったことに対して、「でも、バナナは国内ではほとんど生産されていないので安全性に問題があるとも考えられます。それに対してイチゴはほとんど国内で生産され、しかも甘くて美味しくてみんなに人気があります」という風にお互い議論する形で進めていきます。

チェックポイント

最初は、尻込みしたりして、なかなか上手くいきません。時間を短めに設定して、無理なくやることが肝心です。初対面同士だと、なおさら意識してしまうことでしょう。「聞くこと」に特化したエチュードでは、相手の言葉を聞いて顕在化させ反論する、というとても高度なコミュニケーション術を使うため、慣れないとなかなか続きません。最初のうちは、審判（だいたいは、インストラクターがこの役をやります。学校では、先生がやるといいと思います）が「はい、バナナ君は『安価で手に入れやすい』ということですが、これに対してイチゴ君は？」「はい、安くて手に入れやすいと言いましたが、バナナはほとんどが外国産です。でも、イチゴはほとんどが国産でこちらの方が手に入れやすい。

それに甘くてとても美味しいです」「はい、イチゴ君は『甘くて美味しい』ということですが、これに対してバナナ君は？」と問題を顕在化させてパフォーマーを導いてやるとつながりやすくなります。

このエチュードは毎回やる必要はありませんが、定期的に間隔を置いて、継続してやっていくことによって、だんだんとその成果が目に見える形で表れます。

解説

コミュニケーションには「聞く力」が大事だと言ってきましたが、もちろん会話ですから「話す力」も同じように大切であることは言うまでもありません。このエチュードではそれを強調するためにあえて一対一という形をとります。近距離でひざを突き合わせ、向かい合って主張し合うことは、日本人にとってはかなりストレスのかかる関係性なのではないでしょうか？　あえて非日常的な距離でやることによって、やってみるとアドレナリンが上がり、思ったよりも臨場感が味わえ、見ている周りの人も思わず手に汗を握る楽しいエチュードです。

「聞く力」に特化したものと「話す力」に特化したもの。どのような違いがあったか、皆で話してみるのもよいでしょう。

声のベクトルについて

「聞く力」については大体理解できたと思います。ここでは、「話す力」について考えていきましょう。

コミュニケーションにおいて言葉の持つ役割はとても大切です。そのために声についてはさまざまな角度から後ほど検証しますが、ここでは「声のベクトル」について説明したいと思います。

挨拶の項でも少し説明しましたが、声は相手に届いて初めてその効果を発揮します。届かなければ、いくら魅力的な声で話しかけても、いいことを言っていても反応すら返ってきません。

俳優は舞台上で人に話しかける際に、この声のベクトルにとても気を配ります。

演出家も、俳優に対して「今の言葉相手に届いてないよ」「声が落ちているよ。ちゃんと届けて」というサジェスチョンをすることがよくあります。

広い舞台上では、今誰と喋っているのか、誰に向かって声を届けているのか、これがハッキリしないと関係性が曖昧になってシーン自体の輪郭がぼやけてしまいます。俳優がベクトルを意識して演じることで、観客も今誰に注目して舞台を見ればいいか、瞬間的に理解できます。

ここでも、当然、丹田の意識が役に立ちますね。

ベクトルと同時に「話す」意識としてもう一つ必要な知識も載せておきましょう。

三つの輪

「近代演技法の父」と呼ばれたスタニスラフスキーは著書『俳優の仕事』の中で、心理的に深くてリアリティーのある感情表現を求めて、俳優の行う仕事に関してさまざまな革新的な理論を打ち立てました。彼の築いたスタニスラフスキー・システムは今日でも世界中で学ばれ、実践されていて、アメリカのメソッド演技など、その後の多くの演劇的手法が生まれるきっかけにもなりました。

その彼の演劇論の中の一つ「三つの輪」をここでご紹介しましょう。

第一の輪＝一人でいる状態。周りを気にせず、リラックスした状態。

第二の輪＝あなたの他にもう一人いる状態。あなたの関心・集中が相手に向かっている状態。

第三の輪＝あなたの関心・集中の相手が複数の場合。

俳優は舞台上では、常にこの三つの輪の状態を行き来しています。そして、この三つの輪のどこに属しているかによって、声のベクトルや広げ方、意識の持っていき方が全然違ってきます。

たとえ、一人で部屋の中にいたと

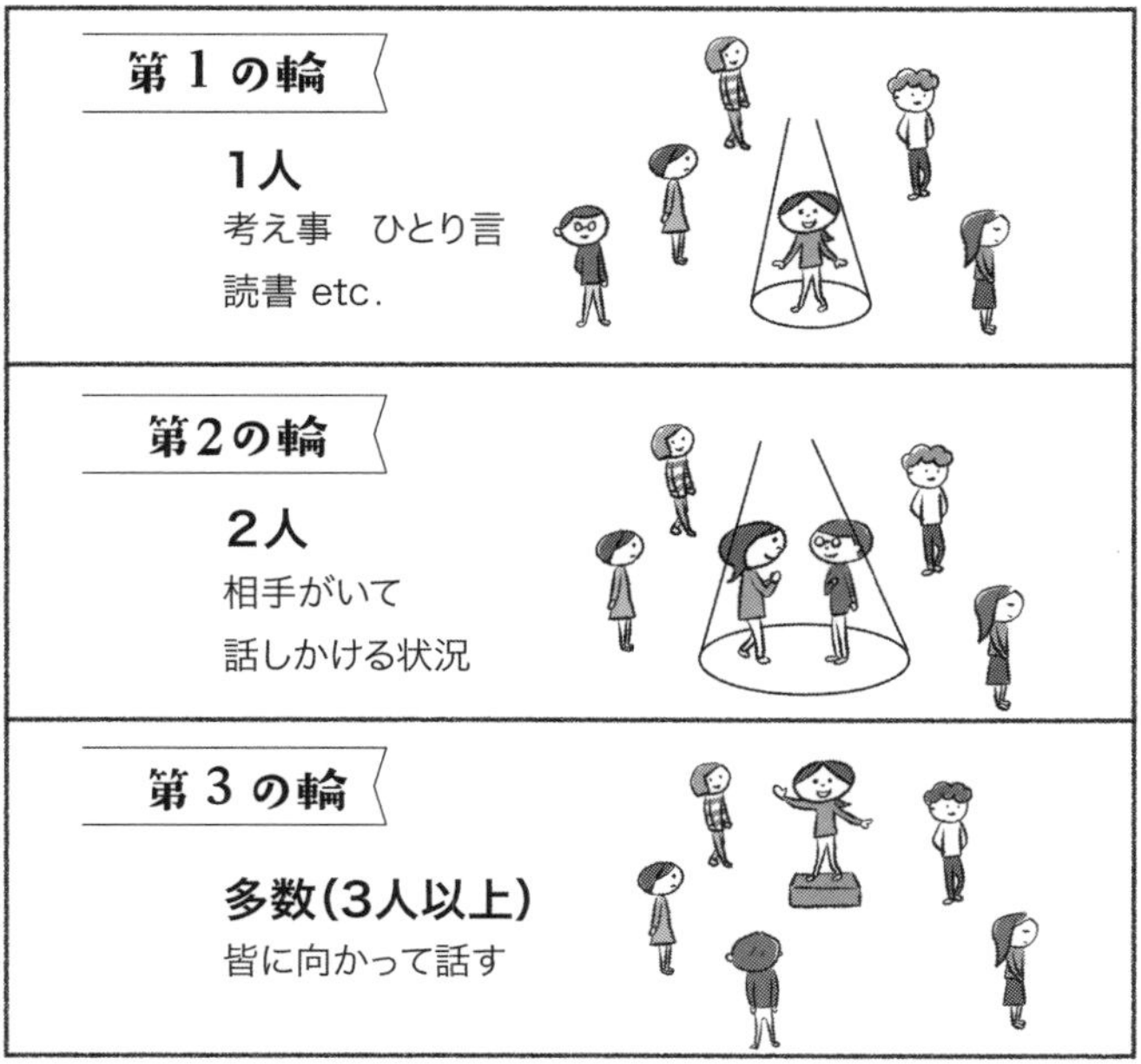

第1の輪
1人
考え事　ひとり言
読書 etc.
第2の輪
2人
相手がいて
話しかける状況
第3の輪
多数（3人以上）
皆に向かって話す

しても、壁に貼ってあるアイドルのポスターに向かって、「○○ちゃん、アイシテルヨ～！」と話しかければ、それは第二の輪に属していることになります。声のベクトルは、ポスターの中のアイドルに向かっているのです。2人で映画館にデートに来ていたとしても、うしろのおやじが自分の椅子の背をコツコツやるのが気になってイライラするというのは第三の輪に属しているのですが、「うっせ～な～、勘弁してくれよ～」と一人呟くだけなら第一の輪、本人に直接言ったとしたら第二の輪、懲らしめのために、映画館全体に聞こえるように言えば第三の輪ということになります。大勢いるパーティー会場でも、遠くにいる彼女だけに合図を送ろうとしているのであれば、第二の輪に属しているということになります。

このような三つの輪の状態は日常から私たちが経験しているシチュエーションにそのまま当てはまります。人はケースによって、声を狭めたり広げたりしなければなりません。そのためにベクトルを意識することは大切なのです。

5 「歩く」と「出会う」

さて、コミュニケーションについてのウォーミングアップを兼ねたエチュードをいくつか見てきましたが、ここからは身体的レベルでのコミュニケーションを考えるためのエチュードをご紹介します。

ウォーキング・エチュード

対象　2人以上多人数まで可
（できればスタジオなどの広い場所で、多めの人数でやるのに適している）

最初は好きな方向に自由にランダムに歩く。
とにかく、美しく歩くこと。

ある程度きちんと全身を意識して歩けるようになったら、次は速度を変えて（スローモーションや逆に倍速でやったり）同様に歩く。

次に、今度は逆に身体のいろいろな部分に負荷を加えたり、条件を加えたりして歩いてみる。

●身体の一部分を中心に歩く

⬇胸をはって、背中をはって、右肩上げて、顎を前に突き出して、おでこが引っ張られるように、頭が上に吊られているように、内側に重心をかけて、外側に重心を置いてetc.

●身体の状態をイメージして歩く

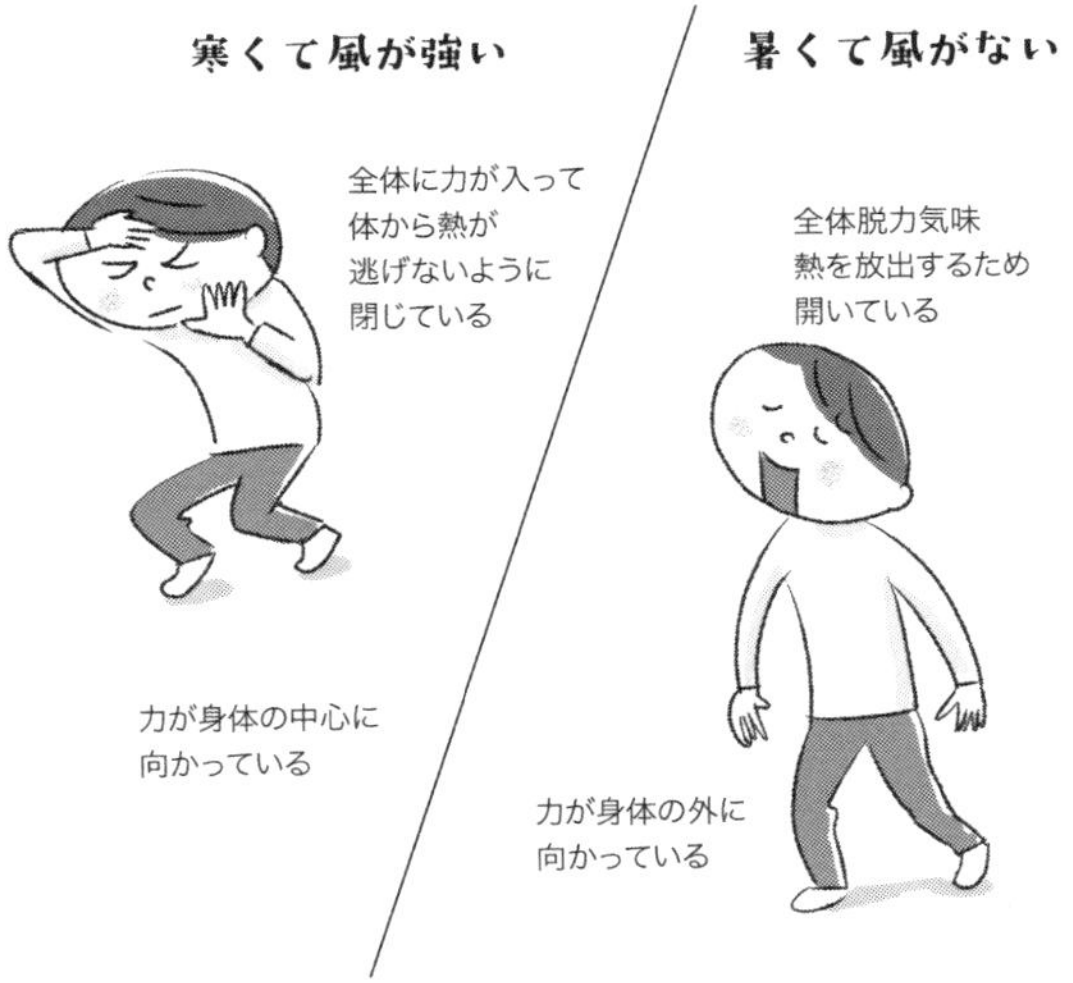

寒くて風が強い
全体に力が入って
体から熱が
逃げないように
閉じている
力が身体の中心に
向かっている
暑くて風がない
全体脱力気味
熱を放出するため
開いている
力が身体の外に
向かっている

⬇頭が重い、お腹が空いた、背中がかゆい、足にまめができている、おしっこが漏れそうetc.

●心理的な状態をイメージして歩く

⬇気分がいい（悪い）、怒っている、悲しい、不安、興奮している、焦っているetc.

●外的要因を取り入れて歩く

⬇暗い夜道、雨が降りそうだ、雪の深い道、風が強い、無重力地帯etc.

バリエーションは無限にあります。

「歩く」ということに慣れてきたら、次は「出会う」を意識します。

「歩く」にいろいろな条件を付加してみましょう。

- 目線を必ずすれ違いざまに合わせる。
- 出会ったら、必ず一旦立ち止まる。
- 出会ったら、立ち止まり、お互いの呼吸を合わせる（一緒に吸って吐く）。
- すれ違いざまに手と手でタッチする。

○すれ違うときに挨拶する（おはよう、こんにちは、元気？　など）。
○すれ違うときに、握手をしながら挨拶する。
○すれ違うときに、ハグしながら挨拶する。
○すれ違うときに会話をする（今朝なに食べた？　好きな本は何？　など）。

上記は、基本的な出会いのエチュードばかりですが、慣れてきたら個々に「実は急いでいる」「おなかが痛い」「恋人と別れてきたばかり」とかの条件を内に抱えながら出会うなど、バリエーションを変えてやると無限に楽しむことができます。

チェックポイント

先ずは、目標は「美しく歩く」です。

身体に余分な力が入っている人の歩きはどこか不自然です。左右のバランス、肩の上がり具合、背中は伸びているか、首の位置、歩幅、腕の振り、チェックする箇所はたくさんあります。

最初は2人一組でチェックする体制を整えます。身体に余分な力が入っている箇所がないか、互いにチェックし合ってください。首や肩など特に上半身に力が入ることは、声や呼吸を阻害する大きな要因となります。

人数が多ければ、パフォーマーと観客の二つに分けると必ずどちらかが見ることになります。見られることでパフォーマーの意識が一段階上がります。そして指摘を受け止めることで、客観的に自分の身体を外から眺めることができるようになります。自己客観視ができるようになったら一人でやってチェックしてもよし。身体性を知る上で欠かせない訓練です。

脱力した美しい姿勢をキープするには、前述の、身体の中の三つの丹田（特に下丹田）を意識することです。これだけで、驚くほど緊張が抜け、ニュートラルな状態を作り出すことができます。

大勢で、ランダムに歩くと、自分の身体がコントロールできていないと、人の動きも空間も把握できずに、人とぶつかったり

まずは美しく歩く

Check point
・リラックス
・均等な力の入り方
・腕の振り
・歩幅
・左右のバランス

します。

最初はあまりスピードを上げないよう気を付けてください。

スローモーションは今まで自分が意識してきたことを確認する作業に向いています。歩く動きをゆっくりにすることで、歩くときに身体のどの部分を中心に歩いているのか？　肩や背中に力が入りすぎていないか？　指先はどうなっているのか？　踏み出したときつま先とかかと、どちらが先に地面につくのか？　最初のうちは確認しながらやってみましょう。

基本の訓練なので、ウォーミングアップを行った後、短い時間でよいので（10分～15分程度）毎日継続的にやるのがよいと思います。工夫していろいろ条件を付加してやるとマンネリ化を避けることができます。

解説

身体が伴っていない言葉はどこかよそよそしく、説得力に欠けます。相手を避けていたり、嫌がったりしていると、いくらその場で親しげに会話している振りをしてみても、相手に言葉（＝心）は届きません。

コミュニケーションにとって身体が参加することには、大きな意味があるのです。

外を歩いている人をチェックしながら眺めるのも、客観性を養う訓練になります。あの人は、かなり重心が前よりになっているけど、どこに一番力が入っているのかな、それともどこか具合が悪いのかな、前かがみに歩くということはどこか目的に向かって急いでいるのかな、と想像を膨らませることで自分の身体にも意識が持てるようになります。

相手を知るためにはまず、自分を知ることです。他人のことはよく見えていても、意外と自分のことについては分かっているようで分かっていない。

俳優は自分の身体と向き合うことが一つの仕事です。役を作っていくときには、自然な状態をまず作り、そこから、さまざまな条件（年齢、場所、気候、動作、状況（外的要因）、ステイタスｅｔｃ．）を身体や声に付加することによって、役柄や台詞に説得力を加えていくのです。

出会いの鮮度

「出会う」ことはハプニングの一種です。

そして、人生は出会いの連続です。

私たち俳優は、この「出会い」のためのエチュードを、いろいろ手を替え品を替え日常訓練の中に取り入れます。台本の中には、さまざまな出会いが描かれていて、そこからストーリーが展開するのです。原点ともいえるその瞬間にはいろいろな演技の要素が詰まっています。「出会う」とは、お互いが初めてコミュニケーションを交わす瞬間ですからドキドキワクワクです。

相手がどう出てくるか、どんなボールを投げてくるのか、身体中にアンテナをはり受け止めようと試みます。ですが俳優は、稽古を重ね、相手役に慣れてくると、だんだんと（次はこう出てくるだろう）と相手の行動を予想して、お芝居をするようになります。

これは、とても危険な兆候です。なぜなら、相手の行動を予想し次の言葉を用意することは、あらかじめ用意した「心」を提示するのと同じことだからです。

俳優は台本の中の言葉は、一字一句違えずに喋ることが基本です。台詞自体は変えられない。

そこに、あらかじめ用意された「心」で答えても観客は白けてしまうだけですよね。ドキドキワクワクは完全に失われてしまっているわけですから。

それを避けるために、俳優は〝出会いの鮮度〟に気を配ります。本番近くまで試行錯誤を繰り返し、芝居を固定させるのを嫌う傾向にあります。本番になっても、相手役との新たな「出会い」を探して変化し続けることを選ぶのです。

では、日常ではどうでしょう？

その瞬間は、俳優でなくてもそれは変わりませんよね。やはり、相手の言動にアンテナを向けて、どういう人かを注意深く観察するところから入ると思います。受け入れる態勢を作ります。ところが、次第に慣れるにしたがって敏感なアンテナをしまい込み、代わりに〝自我〟が顔を出してきます。

するとどうなるか？

コミュニケーションが円滑にいっている場合はそれでも構わないのですが、相手の反応を待たずに「心」を提示するわけですから、次第に相手の「心」は置き去りにされて、そのことに相手はだんだんストレスを感じてくるはずです。コミュニケーションがぎくしゃくしてくる感じ、皆さんも経験がありませんか？

慣れることでコミュニケーションがさらに円滑になる。一方で、慣れすぎると相手にアンテナを向けることなくコミュニケーションを強引にとろうとするようになってくる。恋人同士でも、一旦このコミュニケーションの歯車が狂ってしまえば、修復は難しい。相手に対するアンテナが埃を被っていないか、たまにはチェックを入れてやるといいかもしれません。

ニュートラルな状態を作る

美しく立つ、歩く、を目指すときに、一番大切なことはこの「ニュートラルな状態」を保つことです。

もちろん、眠っている状態の身体ではありません。立っているけど、どこにも余分な力が入っていない状態ということです。サッカーのゴールキーパーがどこにボールが飛んできても素早く動ける脱力した状態で待つ、ああいう状態を思い浮かべていただければ分かりやすいと思います。

「なくて七癖」という言葉をご存じでしょうか？

人は癖のかたまりです。ニュートラルな身体性を獲得するには、自分に沁みついた癖を取り除くことから始めなければなりません。

人は長い間生活している中で、身体のあちこちに余分な力をかけ、負荷を課してしまっています。それが積もり積もって、腰痛、ひざ痛、肩こり、はては椎間板ヘルニアなどの身体の病気を引き起こします。歪みが内臓疾患や血管の病気につながることも多々あります。

正しく立ったり歩いたりすることは、人生を送る上での土台です。人とコミュニケーションをとるための基本中の基本なのです。

私たち俳優は、長い時間をかけて自分の身体と向き合います。演じるためには、その

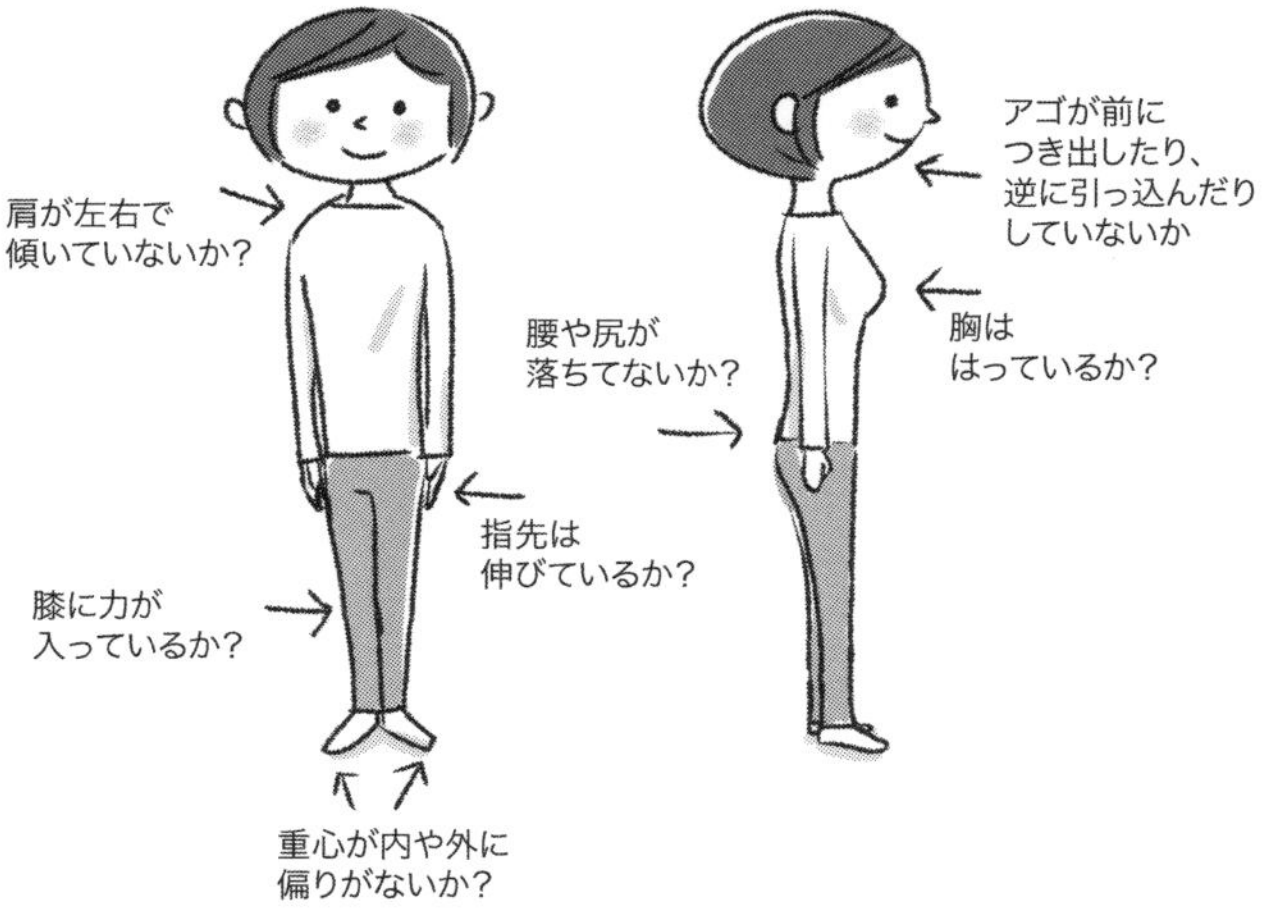
肩が左右で
傾いていないか？
膝に力が
入っているか？
指先は
伸びているか？
重心が内や外に
偏りがないか？
アゴが前に
つき出したり、
逆に引っ込んだり
していないか
胸は
はっているか？
腰や尻が
落ちてないか？

上記チェックポイントをクリアにした上で、リラックスした状態（上体に余分な力が入っていない状態）をニュートラルという

ニュートラルな身体性を獲得すること。そこからしか、本当の意味での個性というものは生まれてこないからです。

正しく立ち歩くことは、正しい準備をして他人とのコミュニケーションに備えることです。

脱力の感覚を養う

ニュートラルな状態を保つには、この脱力の感覚を身体に浸透させることが大切です。俳優にとっても、そして日常を送る上でも一番大事なことだと言っても過言ではありません。そして、シンプルな課題であるとともに、一番難しい課題でもあります。

最初は2人一組で互いにチェックし合うことが望ましい。

一方が仰向けに寝ころび、もう一方は足元の方から眺めてみる。眺めるだけでもわかるほど、緊張が入っている部分から、優しく触れほぐしながら指摘してやります。相手の身体に触ることで、指摘された方は無自覚に緊張が入っていた部分をピンポイントで意識することができます。指摘された部分をどうやって緊張を解いていくかいろいろ相手に動かされながら自覚していきます。肩や首、足、腕、さまざまな方向にゆっくり動かしてあげることで、徐々に日常で凝り固まっていた筋肉がほぐれだします。

ニュートラルとは、決して全身の力が全て抜けた状態ではなく、無駄な力を極力省き、どのような外的要因にもスムーズに対処できる身体性のことです。言い換えれば「自然な」状態。俳優はまずこの感覚を自覚することが求められます。何かを表現しようとすれば、自分でも気付かないうちに身体のいろいろ

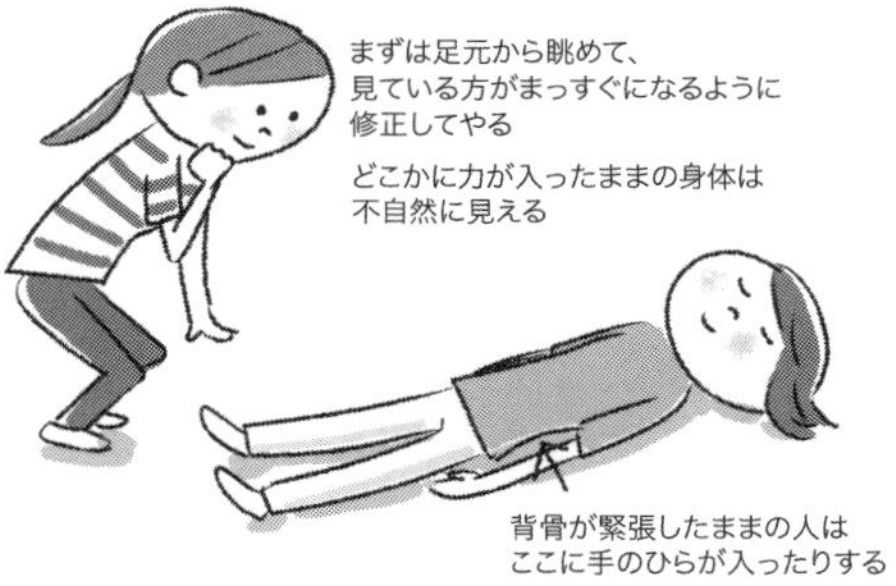
まずは足元から眺めて、
見ている方がまっすぐになるように
修正してやる
どこかに力が入ったままの身体は
不自然に見える
背骨が緊張したままの人は
ここに手のひらが入ったりする

力が入っている部分を
ほぐしたり、持ち上げたりして
脱力の感覚を自覚させる
ゆらゆら

な部分に余計な力が入ってしまいます。そのときに「自然な」状態を身体が覚えていれば修正するのはそれほど難しいことではありません。

寝ころんでお互いをチェックし合った後は、同じように立った状態で見ていきます。寝ころんで脱力できても、いざ立ってみるとまた余計なところに力が入っていたり、人の身体って本当に面倒くさい！

腰を中心に下半身にしっかり力が入った状態をまず作ってあげて、その上に上体が脱力した自然な形で乗っかっているというイメージです。

アイソレーション

脱力の意識を身体に覚えさせるために必要なのがアイソレーション、各部分の運動です。各部分を独立して動かすことで、身体の末端にまで

胸

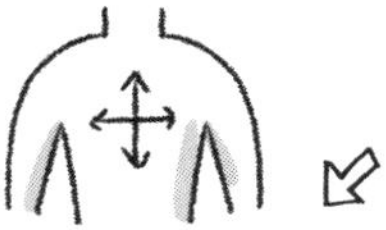

逆にお腹が引っ張られないように

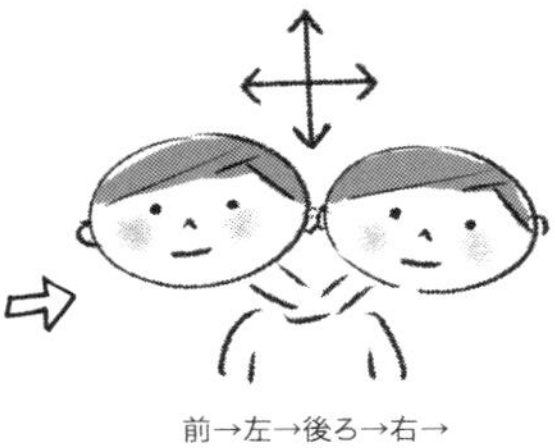

前→左→後ろ→右→
前→右→後ろ→左

意識を行き渡らせる、そのことを称して、私たち俳優は「回路を開く」と言います。

いろいろなやり方がありますが、私は足のうら（足首も含めて）⬇ひざ⬇腰⬇お腹⬇胸⬇肩⬇首、と下から上にそれぞれの部分を、前⬇右⬇後ろ⬇左、逆方向（前⬇左⬇後ろ⬇右）にも動かします。

それぞれの部分が水平に四角をなぞるように（肩だけは前⬇上⬇後ろ⬇下、逆方向と垂直になぞる）、そして各部分を動かすときにはできるだけその部分だけを動かすようにして、それ以外の部分に力が入らない

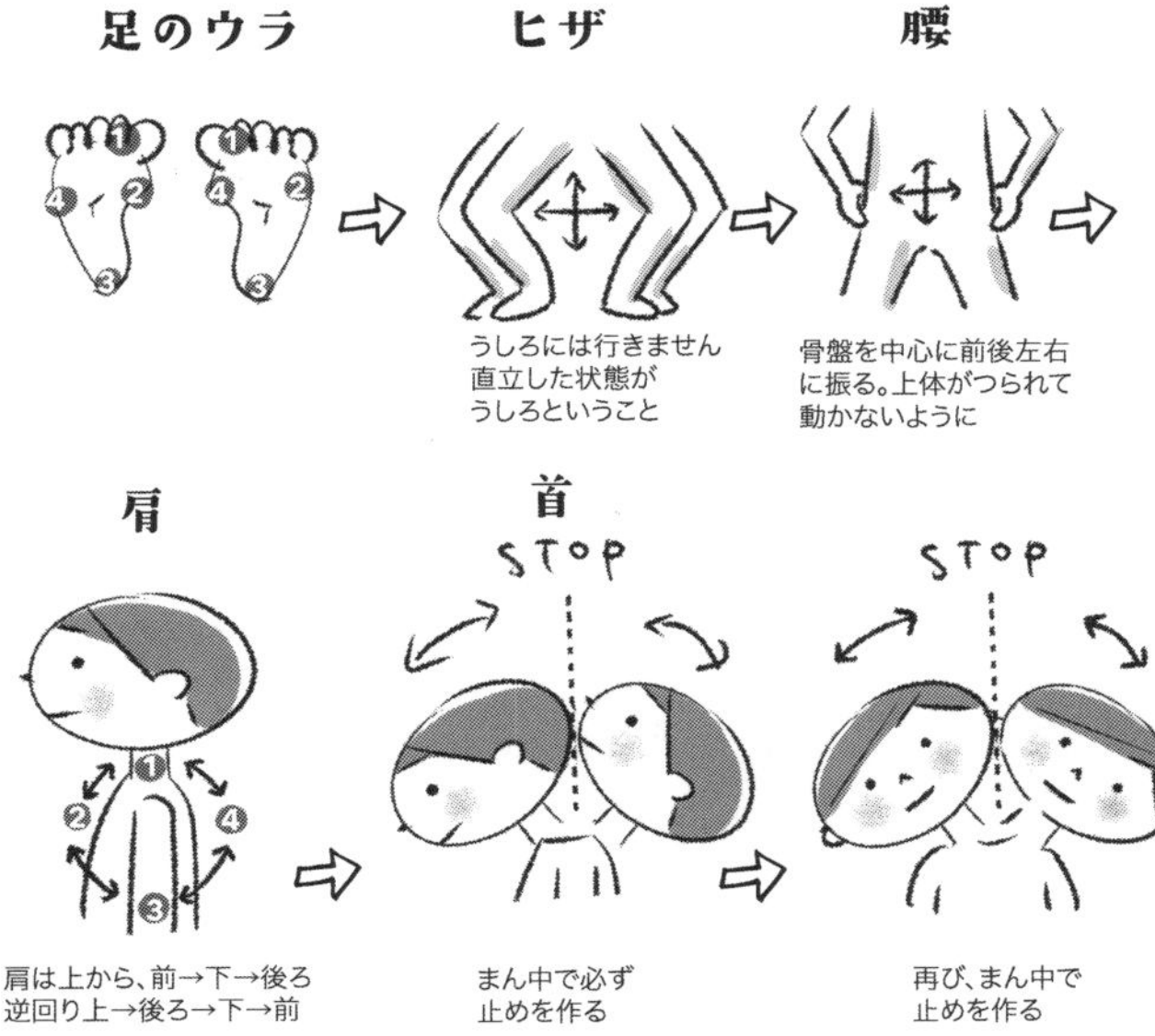
足のウラ
ヒザ
うしろには行きません
直立した状態が
うしろということ
腰
骨盤を中心に前後左右
に振る。上体がつられて
動かないように
肩
肩は上から、前→下→後ろ
逆回り上→後ろ→下→前
首
STOP
まん中で必ず
止めを作る
STOP
再び、まん中で
止めを作る

ように注意します。

解説

アイソレーションとは、身体の各部分固有の運動のことです。

前の項で脱力の感覚を持つことの大切さに触れましたが、その脱力した部分を意識的に動かすためにはある程度の力を伴います。

脱力の状態をまずは基本にして立ち、動くとき、あるいは人に働きかけるとき、必要に応じて、十分な力が身体の必要な箇所まで送られなければなりません。

リラックスして歩いているときに、いきなり後ろから肩を叩かれてびっくりして振り返ると知らない女性が立っている。よくよく見ると、そうか、思い出した！　彼女は10年前にこの町から引っ越していった同級生だった！　と、テキストに書いてあったとします。

俳優は、まずリラックスして歩く➡肩を叩かれびっくりして振り返る➡相手を怪訝な目で見る➡思い出す➡その後に来るのは喜び？　戸惑い？　驚き？　懐かしさ？　と、ここまでを如何にも自然に（実は意識的に）演じなければなりません。文章にするとめちゃくちゃ面倒です（笑）。でも、これを平然と過不足なくやってのける。

一度この流れを実践してみてください。肩を叩かれたときに、そこを中心に緊張が一瞬身体中を走ります。右を叩かれたら右肩を中心に、左を叩かれたら左側を中心に振り返り認識するまで身体のどの辺りに力が入るのか検証しながらやるといいでしょう。肩を叩かずに、声だけで呼び止められたときに今度はどの辺りが緊張し、どういう風に弛緩していくのかも合わせてチェックしてみてください。

日常を再現するためには余分な緊張は身体から排除しなければなりません。〝自然な〟演技を目指して、俳優は日夜、指先から背中、足の裏まで神経を行き渡らせる訓練を積むのです。

さて、こんなことが私たちにどう関係してくるの？　コミュニケーションとどんな関係があるの？

演劇人には馴染み深いシェイクスピア、皆さんはご存じですか？　どんな人か詳しく知らずとも、この有名な台詞だけはどこかで聞いたことがあるでしょう。

「この世は舞台、人はみな役者だ」（『お気に召すまま』より）

「この世は一つの世界だよ、誰もが自分の役をこなさなきゃならない舞台なのさ」（『ヴェニスの商人』より）

また、私の大好きな小説家の一人、平野啓一郎氏は、

「たった一人の〝本当の自分〟などというものは存在しない。あの自分もこの自分も、全て自分なのだ」

と本の中で書いています。（『私とは何か「個人」から「分人」へ』―講談社現代新書2012年刊）

人は出会う人ごとにいろいろな自分を演じ分けている、自分の中にはいろいろな表現や考えを持った自分がいて人や場に合わせていろいろな自分が現れコミュニケーションをとっているという考えです。これってまさしく演劇の方法論そのもの。

そうです！　人は日常でも、自分がそれと気付かないうちに演技をし、自分を演出しているのです。

いつもは低い声でぼそぼそと喋る彼が、電話に出たとたん2トーンも高い声で「はい、もしもし、〇〇です！」としゃべったり、ツンツンと人を寄せ付けない女上司が恋人の前だと猫なで声で甘えていたり、部活動で後輩にはいつも威張っている先輩が、ＯＢの訪問

のときにはやたら腰が低い、こんな経験ありませんか？

演劇の方法論を学ぶことで、身体や声に意識が向けられ、客観的な視点を持つことで、コミュニケーションもスムーズになります。

「歩く」と「出会う」を遊び感覚でやれる楽しいエチュードも紹介しておきましょう。

ウィンクゲーム

対象　5、6人以上多人数まで。
人が増えればオニ（この言葉に差し障りがあるのならジョーカーなど別の呼称を使っても可）の数を増やせばよく、基本は5人に対して1人オニ（ジョーカー）がいれば楽しくできます。

まずはオニ（ジョーカー）を決めます。

じゃんけんでも、トランプなどを使っても可。オニ（ジョーカー）以外は、歩行訓練同様にスタジオ内をランダムに歩きまわります。オニ（ジョーカー）は同じように歩いて、すれ違いざまに、相手の目を見てウィンクします。

周りの人が見ていない瞬間を探してやることがコツです。ウィンクされたら、それを受けてから5秒後に「やられた〜」とみんなに聞こえるように言い胸を押さえ、その場に倒れます。みんなは歩きながらオニ（ジョーカー）にウィンクされないように注意して、それが誰かを探さなければなりません。

分かったらその場で手を挙げて「オニ（ジョーカー）は君だ！」とその人を指し示すのです。

正解ならばゲームは終了。

間違っていれば「うわ〜！　私はオニ（ジョーカー）じゃないよ！」などと恨みがましく言いながら、指した人共々その場から退場します。間違えると一気に2人が退場してしまうので、宣言するのはとても勇気がいるのです（笑）。

オニ（ジョーカー）が全員見つかるか、みんなが全員退場した時点で終わりです。楽しく、歩行訓練とアイコンタクトの訓練を兼ねてできます。ぜひ、やってみてください。

6 空間構成

私たち俳優が、共演者との共通感覚を養う目的で行う、身体レベルのコミュニケーション・エチュードをご紹介します。

空間構成のエチュード

(対象) 1人から多人数まで。

インストラクターは、お題を出し、見て、チェックする。


まずは、1人から始めます。

お題を与えて、たとえば「2」という数字を身体で表す。「なべ」「電話」有機物、無機物、何でも構いません。慣れてきたら「宇宙」「闇」など抽象的なお題でもいいでしょう。

全て瞬時にストップモーションで表現します。


次に2人。

同様に、たとえば「人」などの簡単なお題から徐々に難しく、今度は2人でできるだけ間を置かず次々にストップモーションで、瞬時に身体で表します。一人でやるときと違って、相手のことを考えてしかも瞬時に表さなければなりません。後からやる人も、相手の形を瞬時に判断してそれに見合う形を表現しなければなりません。

さあ、最後は集団でやってみましょう。

5〜6人で1グループを作り、お題に合わせてストップモーションしていきます。

たとえば、お題が「公園」だとしたら、誰が何を表そうとしているのか瞬時に判断し、しかも2人と違って全体のバランス（空間構成）まで考えて、しかも全員で「公園」を表現するために、ストップモーションしなければなりません。

1人だと
たとえば「学校」というお題
人数がふえるほど、その空間を構成する
一部として成立する事を考える。バランス
感覚、空間認識が問われる
大勢になると
2人だと

慣れてきたら、「無題」でいろいろな人の身体のサインを受け取って全員が一つの作品を作り後でお題を考えるのもいいかもしれません。

チェックポイント

「歩く」エチュードのときにも触れたのですが、自分のやることばかりに気がいっていると、相手のやっていることがおろそかにされがちです。周りを見ること、空間を把握すること、みんなとのバランスをどうとっていくか（またはそのバランスをどう崩すか）を身体を使って表さねばなりません。

「送信」「受信」のサインの受け渡しをどうスムーズに行うかがポイントです。

解説

「瞬時に」という言葉をあえて何度も使ったのは、これが身体レベルでのコミュニケーションに必要だからです。

相手が「発信」したものを「受信」すること。それは言葉だけの世界ではありません。コミュニケーションは「心と心がつながる」ことであり、そのサインは言葉だけでなく、身体にも顕著に表れてきます。身体からのサインを受け取るには、身体中にアンテナを張り巡らす必要があるのです。

舞台はもともと「なにもない空間」なのです。

そこは、人と人がつながることで「どんな場所」にも変化します。コミュニケーションにはこの集団で作り上げるための想像力が欠かせません。

「発信する」「受信する」を瞬時に行うことは、考えて（頭で）行動するよりも大変な作業です。しばしば、変な方向に行ったりするのですが、何度も言うようにコミュニケーションのためのエチュードには正解はありません。皆で表現できたものが正解です。間違いを恐れずに思いっきりやって、変な方向に行ったらみんなでまた話し合うのもコミュニケーションの訓練ですよね。

ストップモーション、スローモーション

空間構成をより効果的にやるために、私たちはストップモーション・スローモーション

手首（手）

主に指先
左右非対称に

腕

腕全体を動かす
後ろへも動かす

肩・首

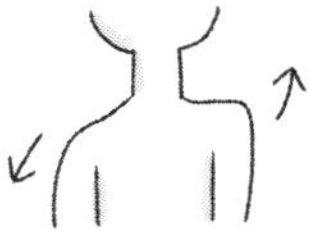

肩と首の関係性を
探る

顔

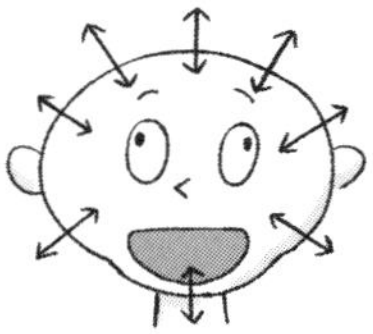

表情を大きく動かすために、最初は鼻を中心に放射状に外に向かう（開く）

鼻の中心に向かい収縮（閉じる）をくり返したり、上下左右に動かしたりすると良い

胸・お腹

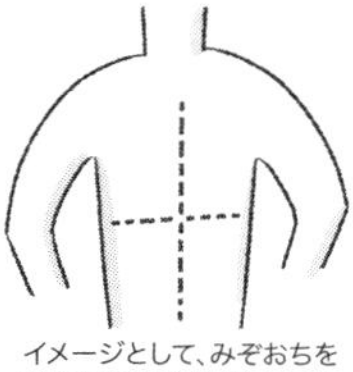

イメージとして、みぞおちを中心に体を4分割してそれぞれが独立して動くように意識する

下半身

足のつき方のバランスに注意して動く

各部分のストップモーションが終わったら、身体全体で大きくストップモーションを行う。身体のクセで同じ形になりやすいので、なるべく毎回違う形を目指す

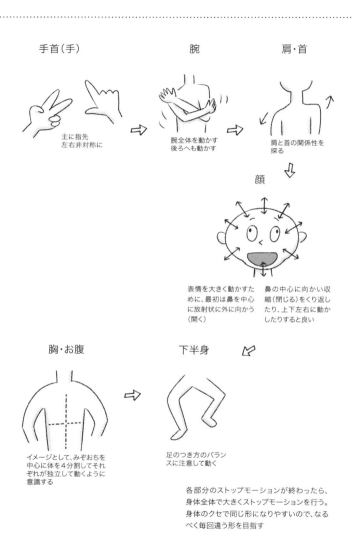

を日常訓練として取り入れています。自分の身体を意識するためにとても有効な基礎的な訓練ですので、ここでご紹介します。

これもアイソレーションと同様手首から始めて、腕全体⬇顔（表情筋を鍛えるためには目、鼻、口、眉と細分化してストップモーションするのも効果がある）⬇肩と首⬇胴体⬇足と全身をできるだけ細かく分けていろいろな形を作り止まります。特に腕や指先は顔の次に表情豊かな部位なので、左右が同じ形にならないよう注意し、柔らかく、硬く、真っすぐに、怒って、怯えてｅｔｃ．といろいろ条件を加えながらやるとより効果があります。各部分のあとは、上半身、下半身とある程度大きなくくりで行い、最後に全身でストップモーションを行います。

各部分をストレスなく、ある程度自由に動かし、止めることができるようになったら、今度はスローモーションで全身を同じ速度で動かし、各部分の連動性を確認してみます。スローモーションも3～5段階に速度を分けて、しかも相手と速度を合わせるように神経を配ることで、周りに対するセンサーも鍛えることができます。

チェックポイント

人それぞれ動きに癖があるので、得意な動きをつい何度も繰り返したり、パターンができてしまいがちです。そのようなときには、パートナーや全体を見ているインストラクターが指摘してあげれば、徐々に意識できるようになります。

また、そのような場合には、ミラーストップモーション（2人一組で、ひたすら相手がやったストップモーションを真似る）などをやることで、身体の癖を矯正する効果も期待できます。

このプログラムもとてもベーシックなものなので、歩行訓練と合わせていろいろアレンジしても面白いと思います。

7 一音詩同好会

私の母体であるＮＯＩＳＥという集団が作り出した日本一短いコミュニケーションのエチュードをご紹介します。会話とはいえ、何せ一人一人はたったの一音しか発しないのですから、個人では全く意味のない言葉。でも、それがつながっていくと意味のある（時には意味不明な）文章になっていくのです。

一音詩同好会のエチュード

対象　5～10人位が丁度いい。多人数向き

全身のストップモーションが基本です。

皆で丸く円になります。誰から始めるかを最初に決め、その人はリーダーということになります。リーダーは、初めの音を決めることが出来ます。たとえば、「あ」という音。

リーダーはお題を声高らかに宣言して始めます。

「一音詩同好会、本日のお題は『あ』です」

「あ」という言葉を声に出すとしたらどんな声を発しますか？
何かを発見したときの「あ！」
うなずくときの「あ～」
失敗したときの「あ～！」

そうです！　「あ」という一音をとってみてもいろいろなニュアンスの「あ」があります。そのニュアンスを身体全体に乗せて「あ」と言いながらストップモーションをするのです。

左隣の人はその「あ」を引き継いで、また一音発しながらストップ

今回のお題は
「あ」です！
あ
の
ね
の
ね
出来ました！
「あのねのね」
でした！

モーションを続けます。

「さ」と続ければ「朝」、さらに次の人が「い」と続ければ「浅い」、その後に「り」と続ければ今度は「浅煎り」、一音をつなぐことでどんどん言葉が、文章が出来上がってくるのです。

流れの中で文章がまとまったと思ったら、最後に一音発した人が、もう一度宣言をします。

「できました！『浅煎りのコォヒィは苦くておいしい』でした！」と、それまでの言葉を読み上げて皆で拍手して終わりです。

途切れた次の人がリーダーとなり、何度でも繰り返すことができます。

チェックポイント

言葉に頼るのではなく、一音の言葉を全身を使って表すこと。声のニュアンスとストップモーションが一致するように、元気よく。次の人が聞き取りやすいようにはっきりと発語することを心掛けます。

解説

大勢でやっていると、言葉は自分の思いもよらぬ方向へ進んでいきます。あまり長い文章になってしまうと覚えるのが大変になるので短めにスッキリとまとめ上げるよう努力してください。

相手の言葉を聞く集中力と、即座に反応する敏捷性が求められます。前の人が言ったらできるだけ間を置かずに、次の人が言葉を発しながらストップモーションをします。やってみると言葉を拾ってつなぐことが難しく、へんてこな文章や、面白い文章ができて楽しいですよ。

文章をつなげている途中で、今までの文章を忘れてしまったり、意味が分からなくなったときのために、「ヘルプ！」と叫ぶと、輪の外にいる審判員がこれまでの文章を記録したものを読み上げる、というルールを作ると安心してできるかもしれません。

8 他己紹介

私が生徒さんに対するワークショップでよく行うエチュードがあります。

他己紹介のエチュード

対象　2人一組。何人でも。

最初に2人一組の対を作ります。そして、お互いの第一印象を、想像も含めて、できるだけ詳細に紙に記しておくように指示します。それをワークショップの最後に開いてみて、その印象から、どう変わったかを互いに検証し合うのです。組んでいた相手に「他己（自己に対する意味で作った造語）紹介」として、実際に皆の前で発表してもらいます。

解説

思い描いている自分と他人から見る自分には、かなりのギャップがあります。多くの場合、そのことに気付かないまま、日常を送っています。

第一印象では、自分の思っている自分像と他人が受ける印象で差があることはよくあります。また、ある程度の時間を一緒に経験し、お互いの関係を深めることでより相手のことを知ることができ、お互いの認識度を深めることでその印象は変わっていきます。

他人から語られる自分の印象を受け入れることで、自分に対する客観的な目線が徐々に育っていきます。

番外編というわけではないのですが、これもエチュードの一つとしてご紹介しました。

声についてのワークショップをやるときには、最初に自分の声をスマホで録音してもらい、自分で聞いてみた印象を話してもらったりします。これも、自分のイメージとのギャップに驚く人が多い。また、その録音とワークショップの最後に再度録音してもらった声を聞くと、その違いに驚かされることもしばしばです。

多くの場合、「自己イメージ」が確立されていないことがほとんどです。自分のことはとかく見えないことが多い。

俳優は、できるだけこのギャップを少なくするように、日常の訓練を積み重ねて「自己イメージ」の確立に努めます。そうすることで、自分の持っている魅力を最大限利用することができるのですね。

9 俳優とは？　演劇とは？

質問です。

「俳優」って何でしょう？

「演劇」ってどういう意味？

「俳優」という言葉はもともと奈良時代のころにできたもので、魔除けや豊作を願い、滑稽な動作をしたり、歌や舞を舞って、神様を喜ばせ、神様の力を招き寄せる神事に対する言葉で、当初は人に対する言葉ではありませんでした。

日本書紀では、アメノウズメノミコトは天の岩戸の前で祈禱のために舞を舞ったという逸話が残されていて、これが現在も日本全国で祭事として行われている神楽の起源ともいわれています。

つまり、俳優とは、業（わざ＝神様の業）を招《お》ぐ神事を指す言葉。それが、室町以降、俳＝たわむれ、こっけいな事、おどけ→に優れた人、という意味に転じたとされています。もともとは、祝祭的な行事で行う歌や踊り、つまり〝遊び〟の感覚が発祥の基なのです。ロイヤル・シェイクスピア・カンパニーの巨匠ピーター・ブルックも、

「Play is play」（演劇は遊びだ）

という名言を残しています。彼は舞台上では、何物にも縛られることなく大いに遊びなさいと言っているのです。

舞台上では誰もが遊び感覚で楽しみ、その楽しんでいる様子を人々と共有することが「演劇」の一番の目的だということです。

そして「演劇」とは、言葉通りにいけば、「劇」を「演じる」こと。

「演じる」は、「演技」「演奏」「演芸」などの、「おこなう」という意味です。「劇」には激しい、とか強い、はなはだしい、という意味があります。つまり、心の中の激しい動きを（広くみんなの前で）おこなうことです。そうです！　心の動き（別に激しい必要はありませんが）を相手に見せること、感じさせること、これを「演劇」と呼ぶのです。これって何だか「コミュニケーション」そのものじゃありませんか？

人は、心のありようを、自分の声や身体を通して、相手に伝えることでコミュニケーションをとっているのです。

もちろん、その間に「もの」が入ることでより効果があがることもあります。愛を告白するときに、「花束」や「指輪」を私とあなたの間に挟むことはプロポーズの常套手段と言えます。

お母さんが生まれたての赤ちゃんを優しく抱っこしておっぱいを口に含ませる。これが親子が最初に体験するコミュニケーションです。それによって、赤ちゃんは生きるエネルギーを与えられ、母親は与えることで何とも温かい、優しい気持ちが芽生えてきます。そうなんです！　人生最初の親子のコミュニケーションって、言葉よりも、身体で行うスキンシップが重要だったのですね！

海外に旅行に行ったときに、言葉の通じない相手にどうしても説明したいときなどは、思わず手や顔全体を駆使してコミュニケーションを必死でとろうとしてしまいます。

人がハグしたり、手をつないだりすることには、言葉をこえた気持ちを伝える力が備わっています。他人の身体に触れるのは、コミュニケーションの基本。確かに、表現の中心は声によるものですが、その声さえも、相手に声で触れることで初めて成立するのです。

声で〝触れる〟〝触れられる〟、その感覚の基は身体です。逆に言えば、身体を伴わない言葉には、力が十分行き渡らない、とも言えます。身体ってコミュニケーションにこんなに大事な役割を果たしているのです。

からだことば

日本には古くから、身体に関する言葉やことわざが数多く残っています。
たとえば、「頭」でいえば、
頭が切れる➡頭がいい。働きが早い。
頭が下がる➡相手に深く感心する。
「顔」でいうと、

顔がつぶれる⬇名誉が傷つけられ、恥をかかされる。

顔から火が出る⬇恥ずかしい。

他にも、
白い「目」で見る⬇冷たく悪意ある目つきで見る。

「目」から鱗が落ちる⬇今まで分からなかったり迷ったりしていたことが急に分かるようになる。

「鼻」が高い⬇自慢に思う。得意がる。

「鼻」にかける⬇得意になって自慢する。

「耳」が痛い⬇聞くのがつらい。

「口」を酸っぱくする⬇同じことを何度も繰り返して言う。

「顎」で使う⬇威張って指図する。

「歯」が浮く⬇軽薄な言動に接して、不快な気持ちになる。

「舌」を巻く⬇驚き感心する。


顔の部分だけでも、数えきれないほどあります。

身体に広げると、

「首」を長くする⬇待ち焦がれる。

「のど」から手が出る⬇欲しくて堪らない。

「背」に「腹」は代えられない⬇大事なことのため、一方を諦めざるを得ない。

「胸」がすく⬇すっきりする。

「腕」が立つ⬇技や能力が優れている。

「肩」身が狭い⬇周りの人たちに対して気が引ける。

「腰」が低い⬇相手をたてて、控えめな態度をとる。

「尻」に火がつく⬇切羽詰まった状況。

「手のひら」を返す⬇言葉や態度をそれまでとガラッと変える。裏切る。

「足」が棒になる⬇歩き疲れる。

「へそ」を曲げる⬇機嫌を悪くする。
さらに、骨や内臓まで広げると、
「骨」を折る⬇苦労する。
「腸（はらわた）」が煮えくり返る⬇とても怒っている。
「心臓」に毛が生えている⬇厚かましく恥知らず。
「五臓六腑」に沁み渡る⬇身体の隅々にまで沁みとおる。
「五臓」は心臓・肝臓・肺臓・腎臓・脾臓
「六腑」は胃・胆・大腸・小腸・膀胱・三焦

いやいや、思いついただけでもこれだけたくさんあるのですから、全部あげればキリがない（笑）。日本語には「からだことば」が溢れています。

このように、感情と身体感覚には密接な関係があります。言い換えれば、心を表すのに、言葉だけでなく、身体が深く関わっているということです。

同じ「怒り」を表す表現でも、

「頭」に血がのぼる。

「腹」が立つ。
「胸」がムカつく。
「目」を吊り上げる。
「怒り」の種類が違うことが、身体で実際に検証してみるとてもよくわかります。
「笑う、喜ぶ」という表現でも、
「腹」を抱える。「腹」が捩《よじ》れる。
「相好（表情のこと）」を崩す。
「頬」が緩む。
「目」を細める。
「へそ」が茶を沸かす。

心は目に見えません。でも、心のありようはこんなにたくさんの身体の部分に現れるのです。アイソレーションやストップモーション・スローモーションという運動を通して、身体の各部分を意識できるようになりました。それを利用して身体の各部分を使っていろいろな感情を表現してみましょう！

実際に「頭をひねって」身体との関係性を検証してみてください。

「想像する力」

人は誰しも自分に都合よく、見たいものしか見ないし、聞きたいことしか聞いていません。日常ではそれでも過不足なく生活を送ることができますが、舞台上ではそうはいきません。他者に対して想像力を働かせることは相手とコミュニケーションをとるための最も大切な要素です。

実は、これこそが俳優にとって最も必要な要素といってもよく、役作りにおいても、想像力は不可欠です。

歴史上の人物や実在の人物を演じるとき、その人の足跡はあらかた予測できます。でも、ある瞬間の心理状態や行動は、俳優が想像するしかありません。ましてや、架空の人物においては、この想像力をフル回転させないと役に説得力が生まれません。「この役はこういう人間だと思うので、このように解釈して演じています」などと説明的な演技をされたらそれこそ興ざめですよね。

しかも、私たちが使っているテキストというのは、ほとんどが不完全な形で手渡されます。舞台のためのテキストは特に、そのほとんどを会話が占めているのですから、ト書き以外は俳優の行動を縛るものは何一つありません。逆に言えば、会話の流れから人物の行動を想像するしかありません。役の人物がそれまで何をしてきたのか？　この場面を経てこれから何処へ行こうとしているのか？　シーンの最初と最後では心理や関係性がどのように変化したのか？　テキスト上では語られなかった多くの要素が俳優に委ねられ、舞台上では観客とその想像力を共有しなければなりません。それこそが舞台の醍醐味だと言っていい。物理的に劇場という一つの場所しか提供できない舞台では、観客との想像力の共有によって、そこからあらゆる場所に移動することができるのです。

長い間、演劇が集団という形をとってきたのは、作品を作るためにこの想像力を使った身体レベルでの感覚の共有が必要だからであり、プロデュース公演が主流の昨今でも、集団の感覚を共有する時間はどんな演出家にとっても欠かせません。その集団想像の感覚を観客と共有交感出来ることが生の舞台の魅力なのです。

日常でも、相手と向かい合うためには、「想像する力」が大切な役割を果たします。

思いやりの心は、まず相手の立場と状況を想像しなければ生まれません。

「聞くこと」「話すこと」「出会うこと」いろいろなコミュニケーションにとって大切なことを説明してきましたが、それら全ての基になる力が「想像力」です。

どんな役を演じようとも、どれだけ相手に気を配っても、最後に出てくるのは自分です。パンドラの箱をあけ放って、最後に自分という箱の底に残ったもの、それこそが個性です。伝えようとしなくても伝わってしまうものなのです。あなたは、あなた以外の何者でもない。だとすれば、自分を生かすためにはまず相手を知ろうとすること。相手のために目いっぱい想像力を働かせてコミュニケーションすることです。相手に集中することで自己顕示欲も抑えられ、ますます円滑にコミュニケーションできるようになります。

第3章

声について

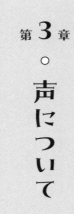

1 はじめに

コミュニケーションについて語るとき、言葉の基である声について検証することは避けては通れません。一般的にコミュニケーションが苦手という人の中には、「自分の声に自信がないから」と答える人も多くいます。学校で演劇を教える際に、先生方が一番困るのもこの声についてだという話をよく聞きます。

確かに、身体の表面に現れる癖と違って、身体の中のことは目に見えず、理解するまでに時間がかかるのも事実です。

しかし、正しい知識を理解し、その構造を意識することによって、声の能力は格段に進歩します。一人一人はそれぞれに個性的な美しい声を持っています。その効果的な使い方を会得することでコミュニケーションは何倍も楽しくなるはずです。

私たち俳優は、言葉一つ、単語一つ喋ることにも常に意識を巡らせながらしゃべっています。なぜなら、それは自分の言葉ではなく、台本や脚本というものを通して、与えられた役の言葉だからです。俳優は、その役柄が持っている性格や特徴、時代背景、関係性、それら全てをまるで自分のことのように演じなければなりません。しかも、過不足なく「自然に」というのが求められます。

ですから、身体に対するアプローチと同じように、声にも客観性が求められるのです。

私も、この40年の役者人生で本当にさまざまな役に取り組み演じてきました。気のいい人、性格悪い人、高貴な人、下世話な人、浮浪者、同性愛者、犯罪者、弁護士、警察官、パイロット、教師、武士、町人、原始人、宇宙人、犬、アンドロイド、数え上げればキリがありません。それらのさまざまな役を演じるための道具は、残念ながら、私というたった一つの小さな器しかありません。私の身体、私の声、を使ってしか表現できないのです。

ですから、俳優は自分の身体と声に真摯に向き合い、それが演じるための武器として利用できるように訓練するのです。

本の冒頭から「自然に」とか「ナチュラルに」「ニュートラルな」という言葉が何度も登場しますが、俳優が演じる「自然な」は、実は日常生活上の「自然」とは大きな違いがあります。

最近では、この「自然な」という意味をはき違えている俳優をよく見かけます。あくまでも、演技をする上での「自然」であって、マイクに辛うじて乗るような声は、語頭や語尾に力がなく、心情や情報を伝えきれません。ぼそぼそと喋るのは日常では仕方ないとしても、演技上の「自然」とか「ナチュラル」という意味とはかけ離れています。日常の会話と違って、私たち俳優は台本の台詞を通して、その役の心情はもちろん、そのときのあらゆる状況や、情報を見ている人に確実に届けなければいけない役目を背負っているのです。日常にあまりにも近づきすぎることは、逆に表現ということから遠ざかってしまいます。

日常のコミュニケーションにおいても、俳優のこういった声に対する意識の持ち様はとても役に立ちます。前にも触れたように、言葉はコミュニケーションのための一番重要な武器になります。そしてその言葉を発する声というのは、身体から身体への働きかけの一つです。身体がコミュニケーションに与える影響は大きく、逆に、身体性を伴わない言葉は、力がなく説得力に著しく欠けることになります。

あなたは、自分の声を自分で聞いたことがありますか？　もしあるとしたら、そのときどう思いましたか？　私は、上京した当時、カセットテープレコーダーから流れてくる自分の声を初めて聞いて、認識する声とのギャップに愕然としたことをよく覚えています。

普段自分の声は、身体の中の骨を伝って自分に聞こえているので低音が伝わりやすいのですが、録音した機械を通して聞く自分の声は、外側から空気を伝って聞こえてくるので、思っているよりも高く聞こえることの方が多いのです。おまけに、外から聞く自分の声にはいつもに比べて客観性が加味されますから、思いのほかその言葉に表情がなく平板に聞こえるためがっかりするのです。

でも、心配しなくても大丈夫！

自分の声にがっかりすることは、それを改善するための第一歩。それは失望しているのではなく、自分の声とのギャップにショックを受けているだけなのです。先ずは、その声に（外側から聞こえてくる自分の声に）慣れてください。身体に向き合うのと同様、声に向き合うことであなたの声は格段によくなります。意識することで改善され、自分に自信を持つことができるようになり、積極的に他人とコミュニケーションすることがますます楽しくなる

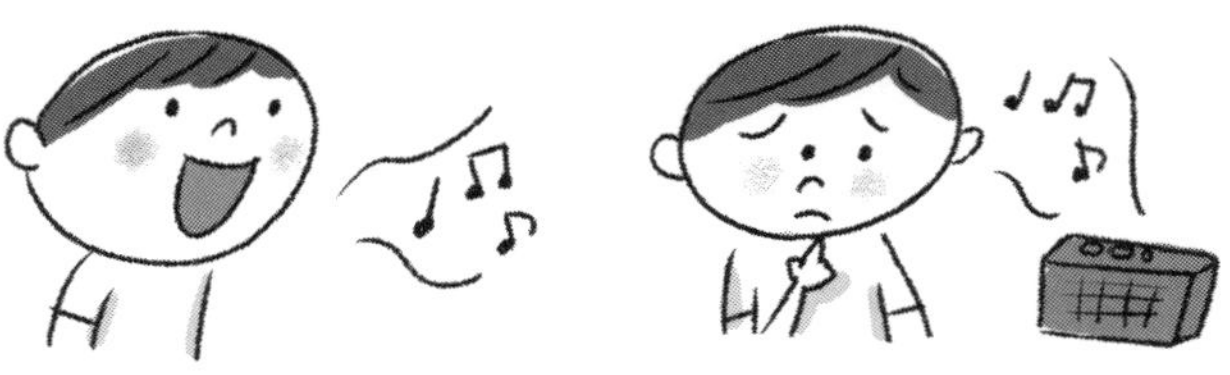

ことでしょう。

俳優は、自分を意識し、相手を意識し、世界を意識することが仕事です。そして、無意識の行動（日常の行動）を意識的に演じるためには、己の声と身体をコントロールする力が求められます。意識して初めて、無意識の日常を演じられるからです。

さて、声のことに話を戻します。

人は日常で自分の声を意識することはほとんどありません。カラオケボックスに行って流行りのポップスを歌うときには、「ひぇ〜、この歌手の声って高〜い！」とか「この人、この低音が魅力なのよね〜！」とか、あれだけ音に対して繊細な感覚を発揮するあなたが、日常の会話ではほとんど自分から出る声に注意を払いません。「あの人の声って艶があってセクシーよね！」とか「わたし、ハスキーボイスって大好き！」と、他人の声にはすぐに関心を寄せるあなたが、自分の声の特性にはほとんど無頓着です。

俳優も皆、身体の中にはみなさんと同じ一つの楽器しか持っていません。ですから〝七色の声〟を持つ俳優なんてまずいないのです。

ただ、違うのは、その自分が持っている唯一の声に徹底的に向き合い、分析し、その可能性を広げる努力をしているということです。

人はいろいろな質の声を持っています。それは、ほとんどがその人の持つ骨格によって決まってきます。ですから、ないものねだりをしてもしょうがない。でも、逆に言えば、私の声は私だけのもの。その、自分だけしか持たない個性を磨くことが魅力的な声を獲得する一番の近道だと多くの俳優は認識しています。

俳優が目指すのは「美しい声」ではなく、その人しか持っていない「表情のある声」なのです！　ではそれは、具体的にどんな声でしょう？

2　声の要素（バリエーション）

普段私たちが何気なく出している「声」、そこにはさまざまな要素があります。低くぼそぼそと喋る人が電話に出たとたん「はい！　もしもし○○でございます」と一段高い声のトーンで喋りだしたり、友達には角のあるぶっきらぼうな喋り方しかしない人が、恋人の前に出たとたん柔らかくナイーブな喋り方に変化したりしたことを経験した人は少なくないはずです。

実は、あなたも気がつかないうちにいろいろな種類の声を場合によって、人によって、使い分けているのです。

俳優はその声の持つバリエーションを意識して、効果的に使い分ける訓練をします。日常に生活する私たちも、その種類を知り、ちょっと意識することで、驚くほど張りのある、魅力的な声になります。声に対する「回路」を開いてあげるのです。

声には、大きく分けて5つの要素があります。

①高〜低

自分の持っている一番高い音、一番低い音をまずは確認してみましょう。

近くにピアノや、音楽アプリを持っている人はそれが音階のどの音か調べてみるとよりはっきりします。

②強〜弱

自分の一番弱い音とは、最低限「目の前の相手に届く範囲での」という条件付きです。大きい音を出すにはある程度広い場所や防音設備のあるところで試すことをお勧めします。意外と知らない人も多いのではないですか？

③速い〜遅い

何でもよいので何かテキストを用意して、人に認識できる限りゆっくり、そして認識できる限り速く、読んでみてください。「認識できる」というのがキーポイントです。それができたら、今度は音楽をかけ（できればインストゥルメンタルがよい）そのリズムに合わせてテキストを読んでみてください。たとえば、クラシック、ジャズ、ロック、ポップス、それぞれにリズムが違います。3拍子、4拍子、8ビートetc.

意味は無視してかまいませんから、その文章をリズムに乗せることに集中すること。

④声色、音色

たとえば「色っぽく」とか「学者風に」と人物像を浮かべて考えるとイメージが具体的になります。俳優はテキストに書かれた役によってさまざまな喋り方を要求されます。病的にとか乱暴にとか冷酷にとかト書きに示される場合もあり、いろいろな言い方、喋り方を研究しなければなりません。そのためにも「歌舞伎風に」「落語家のように」「講談調に」などいろいろなジャンルの語りを知っておく必要があります。

⑤間

たとえば、スピーチのとき、聴衆の注目を集めるために戦略的に一瞬の間をとることはありますが、これは基本的に、一人というよりは、会話、もしくは会話を主体とした台詞（たとえば落語、講談などはその中に含まれる）の中でしか成立しないものです。落語のテキストや、2人で会話のテキストを用意していろいろな間を試してみるといいと思います。演劇的手法の中で一番重要視される演出技術でもあります。

●硬～軟

番外といってはなんですが、これも言葉を喋るときに重要な要素の一つです。ただ、大きく分けたとき③と④に含まれます。意識してテキスト練習するときには、口の形を意識してはっきり開け一音ずつ独立させて（音楽用語で言えば「スタッカート」気味に）発音する「硬く」、唇の力を

やわらかく甘い声で
やろう！
低い声でゆっくり
読もう！

抜いて音同士が繋がる意識で（音楽用語で言えば「レガート」気味に）発音する「軟らかく」を試してみるといいでしょう。

さて、ここまで声の要素について考えてきました。

俳優は、この5つの要素を与えられた役柄に照らし合わせて声からのアプローチを試みます。役の年齢や性格、職業、背景などから分析し、たとえば、自分より歳を取った裁判官の役だとすると、いつもより少し遅めの速度をベースにして、少し硬めに、低い声を使うことにしよう、などという具合に、声から役にアプローチしていくこともできます。歌手と同じで、台詞を喋るときにも、音感、リズム感を持つことはとても大事なことです。これを兼ね備えた俳優の喋りは耳に心地よく、人を惹きつけてやみません。逆に、音感、リズム感のない俳優の台詞は聞き取りづらく耳に入ってこなかったりします。

声のバリエーションを増やすことは、日常にも大いに利用できます。

普通に会話するときにも、よく早口で言葉が上滑りしたり、語尾や語頭がむにゃむにゃとよく聞こえなかったりした経験はありませんか？　早口の人は少し遅めの喋りをベースにすれば言葉が流れて滑ることもなくなりますし、口の形をしっかり開けるように意識するだけで言葉の輪郭がはっきりして聞き取りやすくなります。

そうは言っても、癖はなかなか抜けないもの。身体と同じように、声を出すときにもいろいろな力が、声をスムーズに外に出すための邪魔をしています。声を力の入っていない「自然な」状態に持っていき、なおかつはっきりと相手に届けさせるにはどうしたらよいのでしょうか？

発声、発語のための重要なポイントは2つだけ。

呼吸と響き

です。

呼吸は声の要素の②と③に、響きは①と④と⑤に大きな影響を与えます。このたった2点を押さえるだけで、声の表情が格段によくなります。ただ、このたった二つのことができていない俳優が多いのも事実です。それだけ、声をコントロールするのは難しい。

でも、意識するポイントを押さえるだけで、見違えるほどにあなたの声は魅力的に変化します。自分の声に自信を持ち、魅力を自覚することは、コミュニケーションを楽しむのに、とても大事な条件の一つです。

では、それぞれについてもう少し詳しく説明したいと思います。

3 呼吸について

呼吸には2種類あるということは、皆知っています。そう、胸式呼吸と腹式呼吸ですね。前者は空気を取り込むための呼吸です。素早く酸素を取り入れる、つまり、息を吸うことに向いています。

対して腹式呼吸は睡眠時やリラックスしているときに行う呼吸で、主に吐く息を意識する呼吸です。ですから、言葉を仕事にしている人たち（アナウンサー、司会者、歌手、俳優、落語家ｅｔｃ.）はみな、この息を吐くための腹式呼吸の技術が必要です。

なぜなら、言葉をコントロールするということは、吐く息をコントロールするということだからです。しかも、肋間筋《ろっかんきん》を広げてする胸式呼吸と違い、横隔膜を押し下げることによって呼吸する腹式は、リラックスに適した呼吸なので、声を出すときに必要以上にのどに負担をかけません。喋ることを職業とする者は、ただでさえのどに負荷が掛かりがちです。それを軽減する上でも、腹式を取り入れることは大きな意味があります。

腹式呼吸って何？

私が行うワークショップで生徒さんに尋ねると正確な答えが返ってくることはほとんどありません。みなさん、曖昧な知識とイメージだけで腹式呼吸をとらえているために、いざ活用する段階ではほとんど役に立ちません。

俳優の世界でも、このことを正確に説明できる人はどれくらいいるでしょう？

腹式呼吸は、前にも書いたように就寝時やリラックス時の呼吸です。これを意識して取り入れるだけで、余分な肩の力も抜け肩こりや首こりの症状も改善され、血液が全身を活発に巡ることにより体調管理にも優れていて、身体を整えるのに大いに役に立ちます。

一番大切なのは
吐く息を意識すること

です。

胸式呼吸が「息を吸うための呼吸」だとすると、腹式呼吸は「息を吐くための呼吸」だと言えます。吐く息をコントロールすることは、ひいては台詞をコントロールすることにつながります。

では、具体的な注意点と方法を記します。

①先ずは、上体をリラックスさせる

丹田の勉強をしましたね。それを思い出してください。三つの丹田を意識することで思いのほか身体の余分な力が抜け、真っすぐに立つことができます。体重がしっかり腰に乗っていることを確かめてください。

真っすぐに立てていますか？　足の重心が外側（小指側）に偏っていませんか？　できるだけ内側（親指側）を意識して足の裏全体に均等に力がかかるように立ってください。上体をリラックスさせるためには、下半身がしっかり働いていなければなりません。

まず、それを自覚できてようやく、上体に意識を持っていくことができます。

顎は上がりすぎたり引きすぎたり前に突き出したりしていませんか？　肩が前に入ったり、胸が内側に縮んだりしていませんか？

②吐く息から始める

吐く息を意識することで、横隔膜をコントロールしていきます。この横隔膜をコントロールすることは、その周りの呼吸のための筋肉を鍛えることにもつながります。

みなさんは、「機能的残気量」という言葉を聞いたことがありますか？　普通日常では呼吸に肺の50％以下しか使用していません。ということは、普段の呼吸では、使われない空気が肺の中に半分以上も残っているということです。

吐く息を意識し、横隔膜を押し下げる運動をすることは、この機能的残気量を少なくし、新鮮な空気を多く取り入れることで健康にもよいとされています。実際に腹式呼吸は、新陳代謝がよくなり、血流もよくなるので、ヨガなどにも積極的に取り入れられています。

下丹田を中心に、内側から外側に力のベクトルが向かうように意識して身体の中の残った空気をまず外に出すことから始めます。下丹田を意識することは、この横隔膜が上に戻ろうとする力（つまり、息が勝手に外に出ていく力）を制御するということです。

下丹田に向かって内側から圧をかけてやることで、横隔膜を引っ張る腹斜筋を中心としたお腹まわりの筋肉を内から鍛え、息の量をコントロールするのです。

身体を整えたら、先ずは体内の残っている空気を口から外に出してください。上体はリラックスしたままで、下半身は、下丹田にむかって内側から圧をかけるように息を吐いていきます。圧は下半身を伝って、お尻の穴に収束するようなイメージで、徐々にお腹を絞っていきながら息を吐き切ります。これで、上体の力を使わずに息を吐き切ることができました。あとは、下半身の力を解放してやるだけで必要な空気が入ってきます。呼吸の練習をするときは、意識して息を吸うときは鼻で、吐くときは口からを心掛けましょう。

この2点だけ集中して意識すれば、腹式呼吸に必要な筋肉が徐々に育っていきます。最初は大変かもしれませんが、慣れてくると意識せずとも腹式が身についい

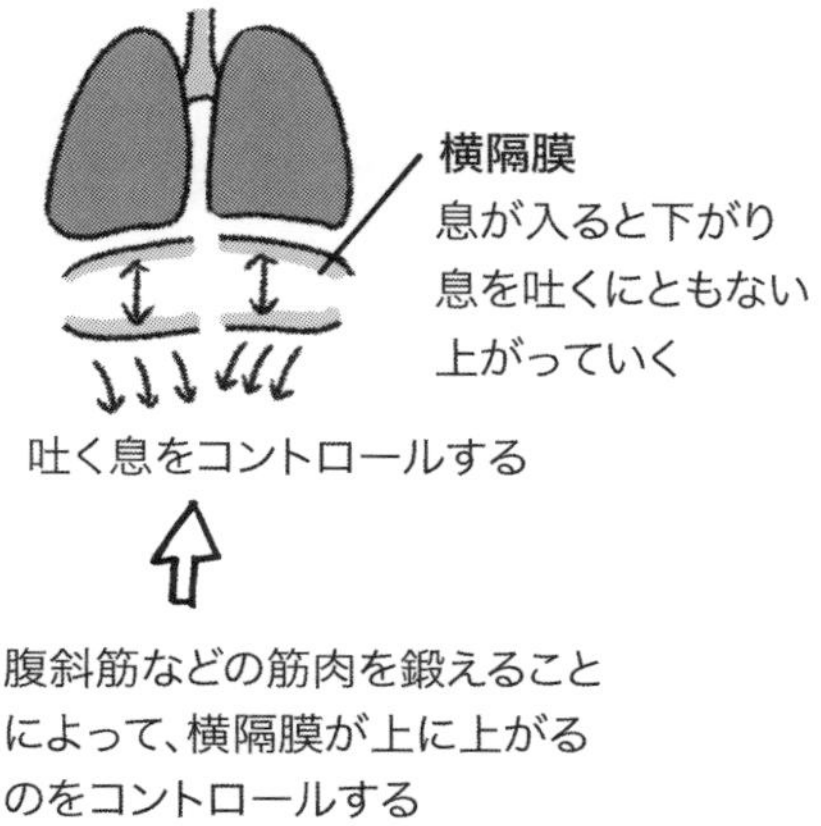
横隔膜
息が入ると下がり
息を吐くにともない
上がっていく
吐く息をコントロールする
腹斜筋などの筋肉を鍛えること
によって、横隔膜が上に上がる
のをコントロールする

できます。横隔膜が戻ろうとするのをお腹まわりの筋肉を育てることでコントロールするのです。出ていく息の量をコントロールすることは、言葉の大きさやスピードをコントロールすることにつながります。

また、人は緊張しているときには息が上手く吐けない状態を作り出しています。意識的に息を吐くことができるということは、緊張した状態から意識して早く抜け出しリラックスした状態に戻すことができるということです。緊張しているなと感じたときや、すぐに人前で緊張するという人は、できるだけ力を下半身に集め、下丹田を意識して、目を閉じて、ゆっくりと息を吐くことに集中してみてください。手に「人」という文字を書くよりは効果があると思います（笑）。

速筋（白筋）と遅筋について

腹斜筋の働きについて述べたついでに、この速筋と遅筋の役割についても簡単に述べておきましょう。

速筋——下丹田を意識せず、酸素をあまり必要としない無酸素運動に適しています。

踊りを踊りながら歌ったり、激しい殺陣をやりながら台詞を喋ったりするのに適した身体の外側を構成する筋肉です。いわば、短距離系。

短音、歯切れよく早く喋る、スタッカートを効かせる訓練をすることで鍛えられます。

遅筋——下丹田を意識し、インナーマッスルを鍛え、酸素を多く取り込みながら行う有酸素運動に適しています。ヨガなどは、この筋肉を鍛え呼吸との連動性を効果的にします。

朗々と台詞を喋ったり、力強い迫力のある台詞を出すのに適した身体の内側を構成する筋肉です。

いわば、長距離系。

長音、息を長くキープする練習によって鍛えられます。

4　響きについて

声を語る上で、もう一つ重要な要素、それが「響き」です。

日常ではほとんど無造作に声を出しています。自分の声は持って生まれたものだから。のどの調子を気にするのは、風邪をひいたときと、カラオケに行ったときくらい。もったいない！　自分の声や表情を魅力的に見せる簡単な方法があるのに、それを試さないのは損ですよ。

「響き」を考えて喋ったりしたことのないほとんどの人が、だってそんなもの私には必要ないからと言うでしょう。本当にそうでしょうか？

歌手や俳優は、自分の身体を楽器と同様に認識します。歌をよりよく歌うため、台詞をより深く表現するため、限られた「私」という楽器の可能性の枠を広げようと努力するのです。

みなさんは、管楽器のサックスをご存じですか？　サックスには、高い音域を奏でることができる順番に、ソプラノ・アルト・テナー・バリトンといろいろな種類があります。

高音域が出るソプラノは管が細く短く、とても低い音域までこなすバリトンはとても太く長く作られています。

人間も、その骨格によってある程度の音域が決められています。しかし日常では、歌手や俳優の2分の1、3分の1程度の音域しか使っていません。声の表情はその声のバリエーションの多様さです。つまり、人は自分の魅力の半分しか普段出していないのです！　ね、もったいないでしょう？　高い音も低い音も身体を意識することで音域が広がり、より艶やかな響きのある声を出すことが可能になるのです。

「響き」は声の要素である①高低④声色・音色に大きく関わってきます。

「あの人って高く澄み切ったような素敵な声してるわね」とか「あの人のあの低音がたまらないわ」と褒めることがあるとすれば、それはその「響き」の豊かさを褒めているということです。

プロの歌手や俳優は極限まで訓練され磨かれた声を武器に活動しています。普通はそこまで意識する必要はありません。でも、その方法論を知ることでもっと自分の声を輝かせることはできます。

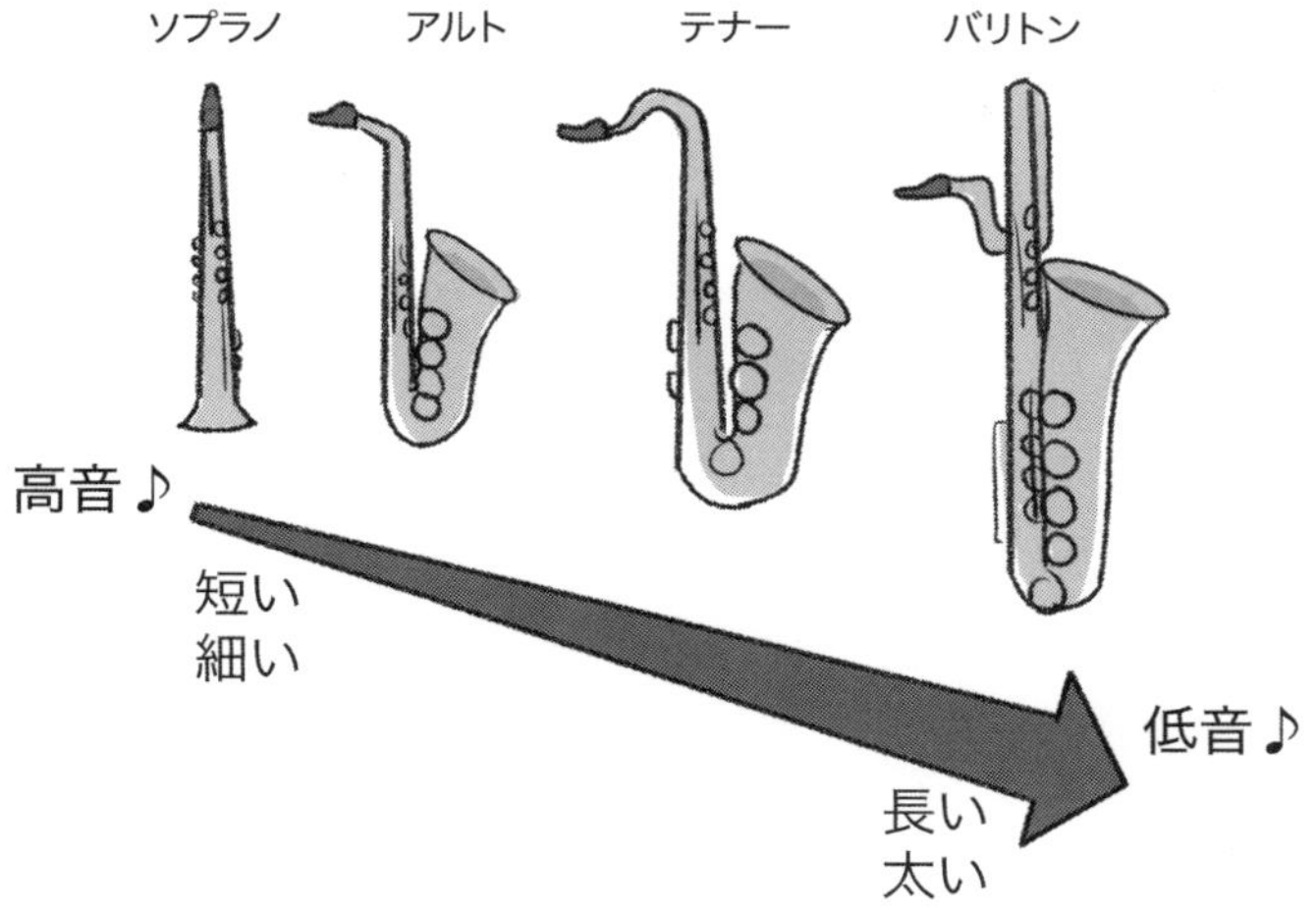

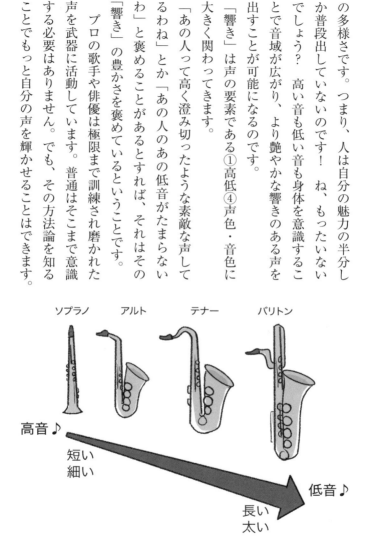

人は誰もがそれぞれに素敵な声を持っています。響かせる方法を知らないだけなのです。意識して声を出すことで、声帯はどんどん伸縮が自由になって、より素敵な声を相手に届けてくれることでしょう。

しかも、声を出すための表情筋は人を美しく見せます。表情筋を活発に使っていくことで、表情は明るく張りが出るようになります。

普段暗いと思っているあなたこそ、試してみるべきですよ。身体の内側から、みるみるうちに魅力が湧き出てきます。

さて、ここからは、鏡を前にしてのレッスンです。自分の表情をにらめっこしながら、研究してみてください。

声のためのウォーミングアップ

「響き」の項では、ウォーミングアップから、2人で互いをチェックしながらやるか、鏡で自分をチェックしながらやってください。

響きをよくするために、頬を中心とした筋肉を柔らかく保つことからまず始めます。筋肉は、使わないとどんどん硬くなっていきます。それは表情筋も一緒。

先ずは、頬の筋肉を優しく手のひらで円を描くようにマッサージしましょう。ほぐれてきたら、凝り固まった筋肉を一気に解放します。鼻を中心に全ての顔のパーツが外に放射するイメージで顔を解放し、次は逆に鼻に全てのパーツが集中していくようなイメージで顔を収縮させます。「ストップモーションの項」で各部分のストップモーションをやりましたね。あの要領です。交互に何度か繰り返してください。

最後は顔全体をぐるぐると右回り、できるだけ顔のパーツが大きな円を描くように、今度は左回り、と何度か繰り返してください。最近は美容のための良質な顔面マッサージ器も増えてきてその効果も上がってきているとは思いますが、器械に頼らず自分の意識で行うことが大切なのです。

どうです？　顔の筋肉が緩んできた感じがしませんか？

声帯ってどういうしくみ？

顔の表面の筋肉が緩んできたら、次は本題の口の中について見ていきましょう。

まずは、声帯のことを知ってください。

139ページの図を見てください。

のどの奥で、気管と食道に分かれていますが、気管の入り口付近にある二つの弁のことを声帯といいます。

呼吸をするために大切なものですが、ここでは声を出すための働きについて見ていきましょう。

肺に入っている空気はこの弁を震わせながら通ることで、息とともに声となって外に出ていきます。

私たち俳優や歌手は声を磨くために、まさにこの声帯を鍛えるために日々訓練を続けるのです。

えっ？　声帯を鍛えるってどうやって？

声はこの声帯を伸縮させることで高い音や低い音をコントロールします。

この二つの弁がピンと張っている状態で高い音が出ます、逆に縮んだ（緩めた）状態で低い音が出るのです。いつも出している地声だけで会話する分にはこの伸縮はほとんど働きません。

でも、もっと高音の艶やかな声が出したい！　とか低音を力強く出したい！　と思ったときにこの声帯が役に立ちます。

　声帯は後ろ側を引っ張ることで高音が、のどの方の前側を引っ張ることで（つまり伸ばした弁を縮めることで）低音を出すことができます。

　声帯自体は引っ張ることができないので、高音を出すときには代わりに、頭の後ろ側、つむじ辺りを目指してのどが後ろに引っ張られる状態を作ってやると声帯もピンと伸びてきます。

　逆にのどぼとけを中心に前に膨らむようなイメージでのどの前を伸ばしてやると後ろに引っ張った声帯を縮めることができます。

　何しろのどの中のことなので、意識しにくいかもしれませんが、この伸縮に関わるのど周りの筋肉を鍛えると

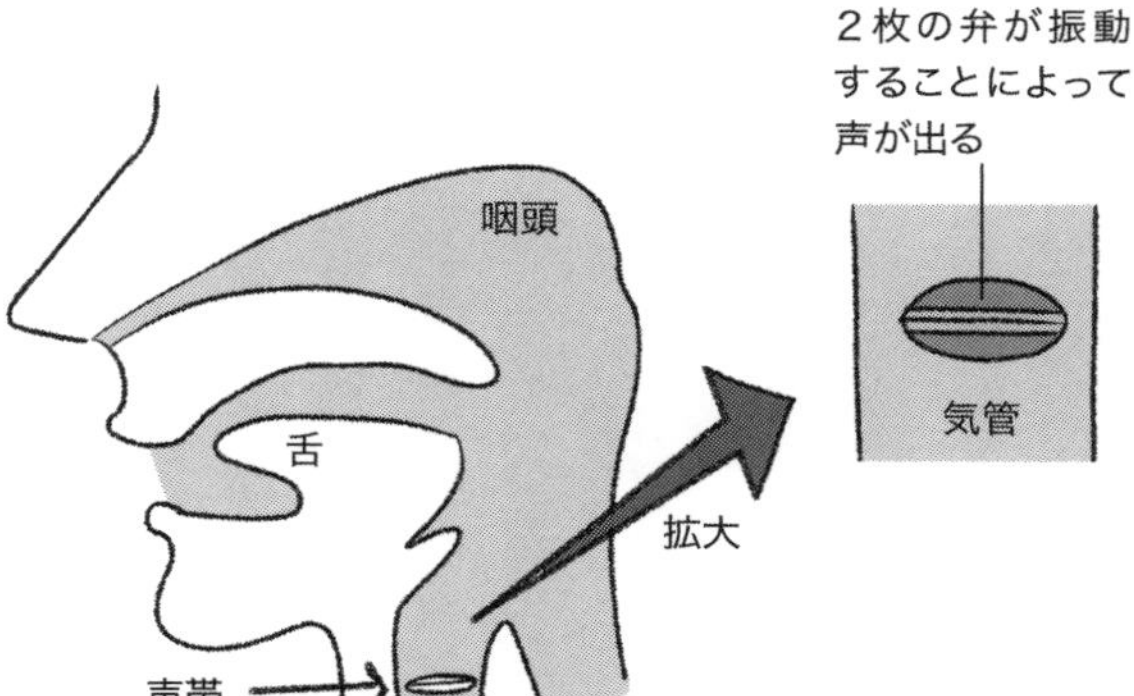
２枚の弁が振動することによって声が出る
咽頭
舌
気管
拡大
声帯
食道
気管

驚くほど声の可能性が広がります。頑張ってください！

「響き」を意識する

さあ、表情筋と声帯のことが分かればあとちょっと！声帯から出た声を響かせることに集中すればよいのです。

ここで先ほども例に出したサックスの形を思い浮かべて下さい。

上下ひっくり返すとあらあら不思議⁉　のどから顔にかけての骨格に瓜二つ‼

マウスピースを声帯の弁にたとえると、そこから息が通って楽器の朝顔管（ラッパのように広がっている部分）から艶やかな音色を奏でます。音の出口に行くにしたがって楽器が太く大きくなっていますね。それと同じように口

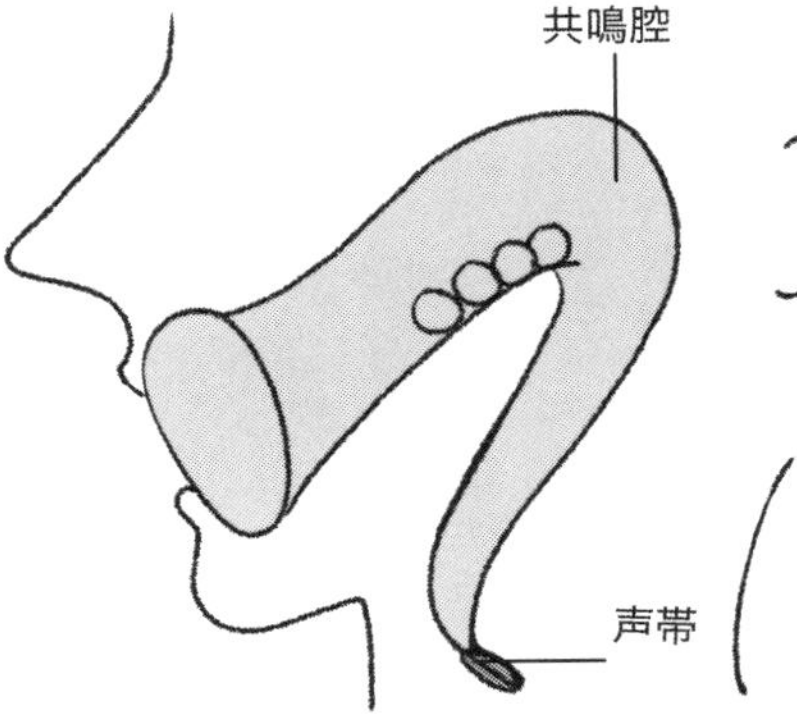

の奥、軟口蓋《なんこうがい》というところを持ち上げてやると口の中が広く大きくなります。そのことが響きを作り出すポイントなのです。サックスでは音の高低を外側の穴を塞いだり開けたりして調節しますが、のどではその役割を舌が担います。

でも、軟口蓋を持ち上げるってどうやって？

あくびを思いっきりしてみて下さい。鼻の中の奥の方が持ち上がった感じ、分かりますか？　それをキープした状態が、軟口蓋が上がっている状態なのです。

響きのポイントは頭がい骨です。

実は、上顎（硬口蓋、軟口蓋）より上には声を響かせるポイント（特に鼻に近い前方付近）がたくさんあります。息をこの響きのある部分に通すことで、何倍も響きが生まれます。おまけに、日本人の発声で特に多い、のどを締め付ける癖も息を上に逃がしてやることで劇的に改善されま

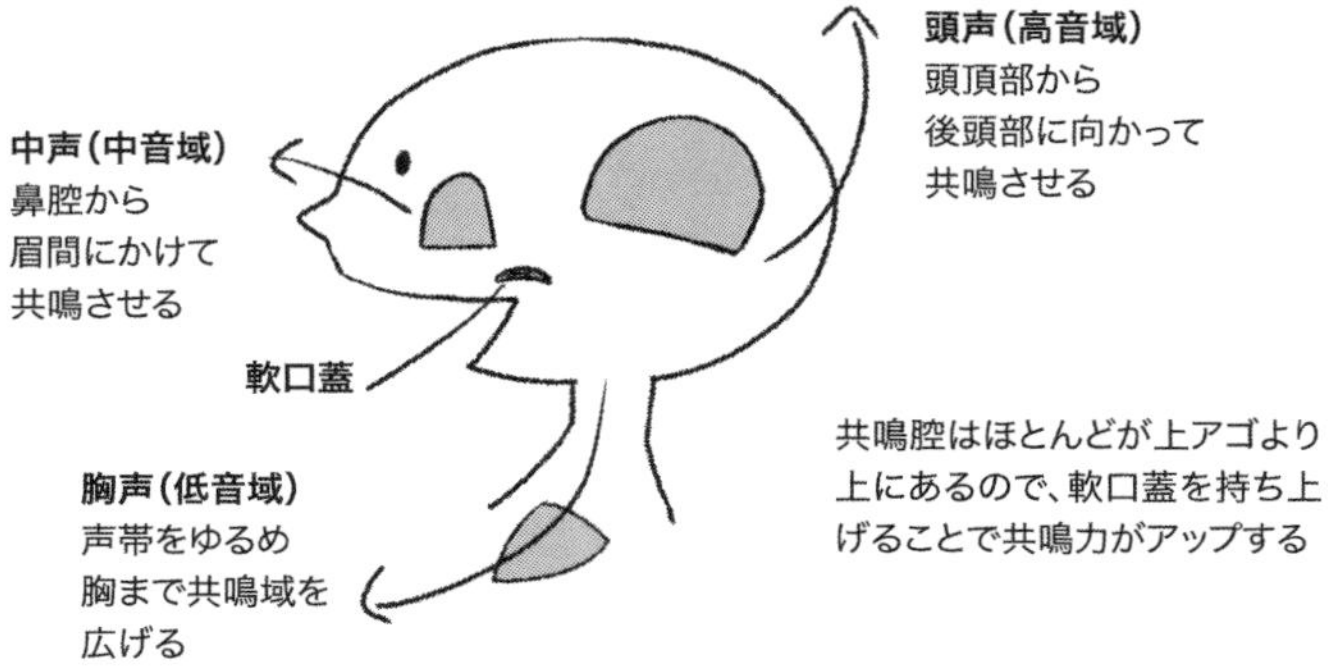
頭声（高音域）
頭頂部から
後頭部に向かって
共鳴させる
中声（中音域）
鼻腔から
眉間にかけて
共鳴させる
軟口蓋
共鳴腔はほとんどが上アゴより上にあるので、軟口蓋を持ち上げることで共鳴力がアップする
胸声（低音域）
声帯をゆるめ
胸まで共鳴域を
広げる

す。

とは言っても、軟口蓋を意識して動かすのはとても難しい。一朝一夕にはいきません。プロの俳優ですらできてない人がいるというのに、訓練を受けていない人たちはなおさらです。

でも実は、内臓（不随意筋といって自分の意思では動かせない）以外は全て随意筋（自分の意思で動かせる筋肉）でできています。なんと、意識すればいくらでも動かせるようになるのです。

さあ、いよいよ鏡の出番です。

まずは口蓋垂《こうがいすい》（俗にいう〝のどちんこ〟のことです）の上げ下げ。

口を大きく開けて自分でのどの奥が見える状態を作ったら、口の中の、口蓋垂を見てください。それを上げたり下げたりの運動をするのです。

えっ、動かない？

大丈夫！　先ほども言ったように内臓以外は意思で動かせる筋肉です。意識をすることでのどの奥の口蓋垂の周りの筋肉が働きだし、すぐに上げ下げできるようになります。

毎朝の歯磨きのとき、鏡の前で1分だけ口蓋垂の上下運動をやってみて下さい。2～3週間もすれば自在に上げ下げできるようになるはずです。

それが、できるようになったら、次はそれをキープするためにどうしたらいいか？

声帯の項ですでに答えは出ています。つむじ（後頭部）に向けて、力を集めることです。

耳を動かす要領で、耳の後ろを後ろ向きに引っ張り続ける、といった方が分かりやすい方もいるかもしれませんね。

女性の方など長い髪を後ろで束ねたときに顔が突っ張る感じを内側から作ってやればよいのです。

さあ、あとは素直に息を通してやる

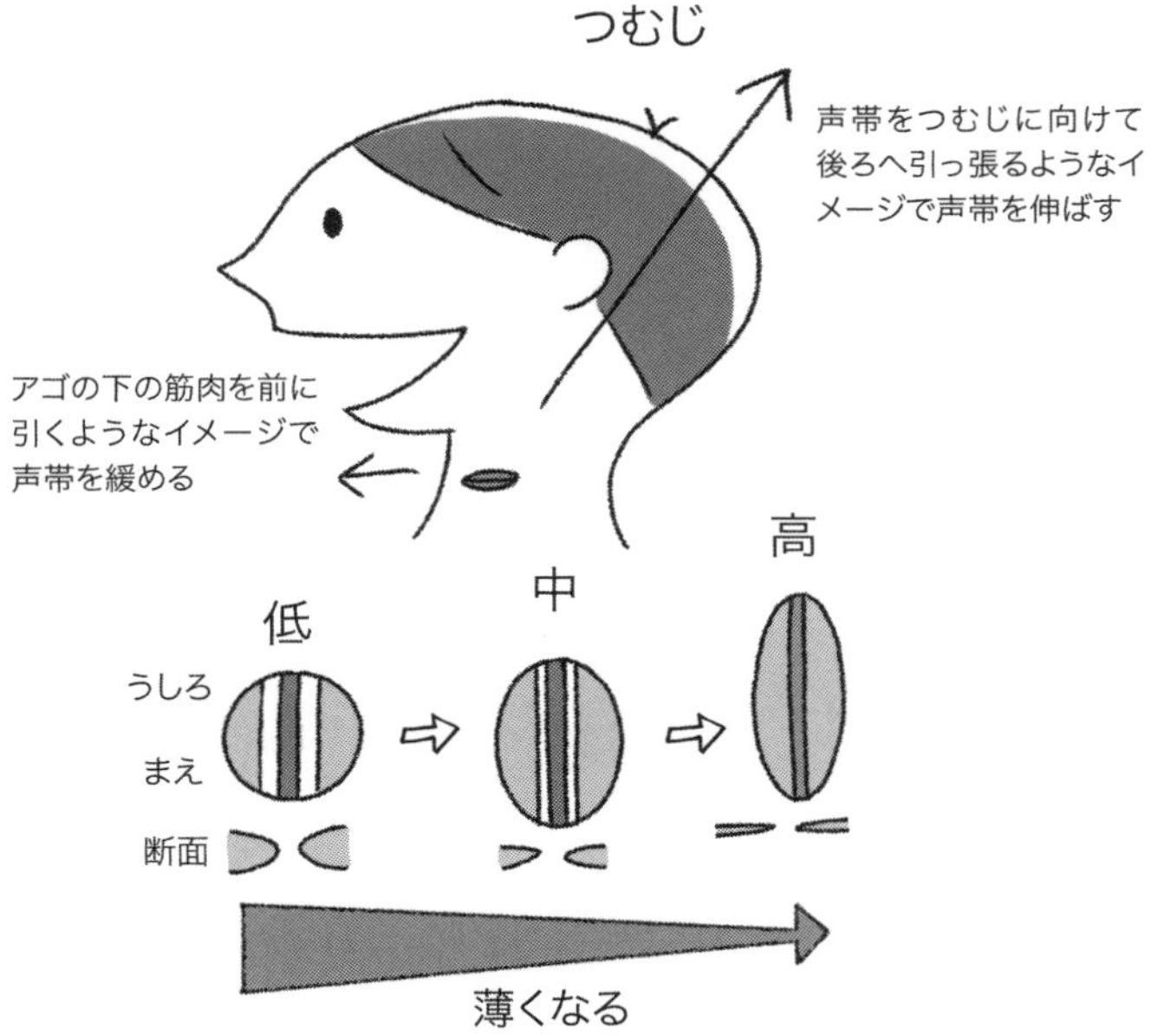
つむじ
声帯をつむじに向けて
後ろへ引っ張るようなイ
メージで声帯を伸ばす
アゴの下の筋肉を前に
引くようなイメージで
声帯を緩める
低
中
高
うしろ
まえ
断面
薄くなる

だけで出来上がり。

イメージとしては、息が上を通り鼻の穴を抜けて鼻から出ていく。声は下を通って口から出ていく、という風に分かれた道筋を通ると考えると意識しやすいと思います。

これで、高音に対する響きのポイントができたと思います。あとはその後頭部に集めた力を緩め、声が低くなるのと同時に声が胸を中心とした共鳴に変わっていく（下に降りていくイメージ）ので、のどぼとけを中心に顎の下の筋肉を使って声帯を緩める運動（意識としては顎の下の筋肉を前に引っ張るようなイメージです）をしてやれば低い音も艶やかに響きます。

あとがき

赤ちゃんは、コミュニケーションを学ぶ前から、「泣く」ことで自分を主張し、表現しようとします。「表現欲求」は生まれたときから私たちに備わっている根源的な、そして最も大切な欲求です。人は自分を表さずにはいられません。その後の長い人生の中で、「演じる」という行為は、私たちの日常に深く関わっていきます。

人はそれぞれ違った特性を持っています。他人との違いを知ることで、人は自分を明らかにします。そして、自分を主張するために、人はさまざまな日常の場面で、多少なりとも自分を演出し演じ分けています。優しく接したい、強くありたい、できるだけ自然でいたい、立派に見せたい、可愛いと思われたい、見栄を張りたいｅｔｃ.相手に合わせて自分のアプローチを調整して接しているのです。

「表現欲求」を通して、他人を知り、他人を理解し、他人とつながりを持つことでコミュニケーションは成り立っています。

「表現欲求」と同時に、それを人と共有し、共感し合いたいと人は願います。それが「コミュニケーション欲求」です。

人は一人では到底生きていけません。

だから、共感できる相手を探して人生を旅するのです。

ネットという社会では、世界中の人と簡単につながりを持つことができます。SNSなどの便利なツールを使って、自分と似た考えを持つ人とも気軽に仲間になることができます。

SNSのおかげで、人は出会いの可能性を爆発的に広げることができました。でも反面、その弊害も指摘されています。直接会ってコミュニケーションをとる方法と違って、SNS上では相手の一面だけしか表示されません。相手と心からつながったと錯覚しがちですが、SNSは表面だけを提示して本心を隠す、それこそ「演じる」ことに適した舞台です。身体レベルでのお互いの交感は行われることがないため、嘘は嘘のままで通ってしまい、いくらでもカモフラージュすることが可能です。

本来「出会う」とは、身体レベルでコミュニケーションをとることを指すのです。

これが、国という大きな枠でとらえるとさらにコミュニケーションは複雑さを増します。

国と国とのコミュニケーションがとれていれば本来戦争なんて起こりようがない……はずですが、現実は世界中の至る所で争いの狼煙が絶えることはありません。

詩人金子光晴の『戦争』（鈴木志郎康編『詩のおくりもの4　社会の詩』筑摩書房1981年刊より引用）の詩の一節にこう記されています。

「敵の父親や　敵の子供については考える必要は毛頭ない。それは、敵なのだから」

敵の命や事情に対する想像力を根こそぎ奪い、自分たちの正当性だけを鼓舞するプロパガンダを信じ、コミュニケーションを捨てて互いに血を流し合う。本当に悲しい現実が今も世界で続いています。コミュニケーションをとり、お互いの意思疎通を図ることがいかに困難なことであるかを今の世界の現状が物語っています。

でも、人はコミュニケーションを諦めない。

「人」と出会うことは、「世界」と出会うことでもあります。自分を知り、自分を受け入れ、自分を信じられるようになれば、自然と「他人」と向かい合うことができるようになります。

「他人」はそれぞれ一つの小さな「世界」を持っています。多くの「他人」とつながりを持つということは、その数の分だけ「違う世界」の扉のキーを手に入れるということなのです。

出会いが全て自分にプラスに働くとは残念ながら断言できません。コミュニケーションは、あなたと私が一つになるための方法ではありません。あなたと私がどう違うかを徹底的に発見するためにあるのです。お互いの違いが分かるからこそ人は歩み寄ろうと努力するのです。だからこそ、扉を開けることを怖がらないでほしいのです。

人生に失敗はつきものです。

むしろ、自分から進んで失敗を重ねた方がいい。それでも、「他者」からつながる「世界の扉」を開け続けることで得ることの方がはるかに多いと私は思います。


大学で演劇を始めたとき、私の周りでは「アングラ」が世界を席巻し、先輩たちは夜を徹して、やれ寺山修司だの、唐十郎だの、「特権的肉体論」だのを論じていました。台詞よりもまず肉体！　とばかりに、キャンパス内をマラソンし、腹筋・背筋・腕立てと、とても文化系のサークルとは思えないハードな練習の数々。おかげさまで身体は鍛えられましたが、スポーツ選手のような素晴らしい筋肉がついただけ。腹式呼吸という言葉は知っていても、その具体的なやり方すら分からず、挙句の果ては、キャンパス裏の海岸で海に向かって発声練習（今じゃ考えられない!!）。

頼りの演劇書には、古い時代の古い知識しか記されておらず、何が正しい方法なのか分からないまま手探りで前に進むしかなく、決められた練習メニューを盲目的に反復するだけの毎日でした。

夢と希望をもって、はるばる故郷から「芝居がしたい！」という一心のみで上京はしたものの、新劇の養成所に入所した当初は、演出家から怒られまくりの超劣等生でした。喋れば博多弁丸出しのひどいイントネーション、声がデカイだけが取り柄で、呼吸の仕組みさえ知らず、間違った認識だらけの大馬鹿者。おまけにきちんと立てない！　歩けない！　背骨は歪み腰は落ち、歩けば猫背ガニ股の超典型サンプル。これでも、本人は内心（オレ様はかっこいい！）なんて自惚れていたのだから始末に負えません。自己肯定感の塊で、客観的に自分を見つめるという言葉の意味さえ知りませんでした。

上京して新劇の世界を学び、小劇場と出会い、如月小春と出会ってパフォーマンスという言葉を知り、また演劇教育の重要さを学びました。その後、福田卓郎の手掛ける舞台でコメディーという分野に挑戦し、その面白さに目覚め、以来彼とは長年共に舞台を作り続けています。

そして今、私は2・5次元という新たな演劇に出会い、その世界に挑戦している最中です。今や2・5次元はあらゆる舞台の中で一番活気があると言ってもよく、その活気溢れる場所には、映像や音楽も含め、いろいろな分野の最先端の才能が注ぎ込まれるという事実。日々の出会い自体が私にとって刺激です。この歳になっても、私にとってワクワクドキドキな日常が用意されているとは思いもよりませんでした。俳優という仕事を続けてきて本当に良かったと思っています。

活動の場も徐々に増えて、いろいろなジャンルの俳優たちとの交流も圧倒的に増えました。そこで思うのは、育ってきた環境によって、俳優もアプローチの仕方がそれぞれ違うということ。声の出し方、人との距離の取り方一つとってみても、面白いほどみんな違う。でも、違いもそうですが、共通点も同じくらいあるということに気付きます。そのさまざまな出会いがさらに私の気付きを新たにしてくれ、関係を深く掘り下げてくれる。

日常も同じではないでしょうか？

できないと最初から決めつけて、人と接することを自ら諦めるのではなく、失敗を怖がらずに、未知なるドアを開け続ける。自分と違う他人に出会うことで思いもよらないプレゼントを受け取ることもしばしばです。それが新たな自分の可能性を広げてくれる。自分に期待し、人に期待し、出会いに期待する。

そのことが、コミュニケーションにとって何よりの処方箋だと思います。

そんな思いを今回は一冊の本にまとめてみました。私が思い描いていたものが、出会ったさまざまな人から触発され、気付かされて今回ようやく形になり、本になりました。

それを一人でも多くの人に伝えたいと思っています。

〈著者紹介〉

平川　和宏（ひらかわ　かずひろ）

1958年福岡県生まれ。西南学院大学卒。

木山事務所新劇養成所を経て、文学座藤原新平に師事。その後、如月小春主宰劇団NOISEの中心として活躍。如月死後、福田卓郎主宰DOTOO!で多くの舞台に出演。近年は「NARUTO」「銀牙～流れ星銀～」「魔法使いの約束」など2.5次元の舞台に活動範囲を広げている。

映像・舞台・声など幅広いメディアで多くの作品に出演するかたわら、プロ・アマ問わず演劇ワークショップの講師としても30年以上の活動実績を持つ。

株式会社ヘリンボーン所属。

自由《じゆう》に、からだ、自由《じゆう》に、こえ
～身体《からだ》を通《とお》して考《かんが》えるコミュニケーション～

2023年12月6日　第1刷発行

著　者　　平川和宏
発行人　　久保田貴幸

発行元　　株式会社 幻冬舎メディアコンサルティング
〒151-0051　東京都渋谷区千駄ヶ谷4-9-7
電話　03-5411-6440（編集）

発売元　　株式会社 幻冬舎
〒151-0051　東京都渋谷区千駄ヶ谷4-9-7
電話　03-5411-6222（営業）

印刷・製本　　中央精版印刷株式会社

装　丁　　野口萌

検印廃止

Printed in Japan
ISBN 978-4-344-94649-1　C0074
幻冬舎メディアコンサルティングHP
https://www.gentosha-mc.com/